U0623190

崔永元　管建刚

郑冬梅　著

崔永元
名师作文课

基础篇

浙江人民出版社

图书在版编目（CIP）数据

崔永元：名师作文课. 基础篇 / 崔永元，管建刚，郑冬梅著. —杭州：浙江人民出版社，2020.9

ISBN 978-7-213-09743-0

Ⅰ.①崔… Ⅱ.①崔… ②管… ③郑… Ⅲ.①作文课—小学—教学参考资料 Ⅳ.①G624.243

中国版本图书馆CIP数据核字（2020）第093431号

崔永元：名师作文课（基础篇）
CUI YONGYUAN：MINGSHI ZUOWEN KE（JICHU PIAN）

崔永元　管建刚　郑冬梅　著

出版发行	浙江人民出版社（杭州市体育场路347号　邮编　310006）
责任编辑	张世琼
责任校对	杨　帆
封面设计	沐希设计
电脑制版	书情文化
印　　刷	天津旭丰源印刷有限公司
开　　本	700毫米×980毫米　1/16
印　　张	14
字　　数	170千字
插　　页	3
版　　次	2020年9月第1版
印　　次	2020年9月第1次印刷
书　　号	ISBN 978-7-213-09743-0
定　　价	42.80元

如发现印装质量问题，影响阅读，请与市场部联系调换。

质量投诉电话：010-82069336

目 录

03

郑冬梅

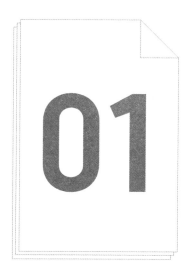

写好作文一点儿都不难

崔永元

电视节目主持人

中国传媒大学教授

我们为什么要写作文

我们为什么要写作文？曹丕说："文章经国之大业，不朽之盛事。"他还提出了"文以载道"。杜甫说："文章千古事。"韩愈说："文以贯道。"到了宋朝，写文章更重要了。现在对写文章的要求没有这么宏大了，但是能写文章、写好文章依然是非常重要的事，就像作家张大春说的："写作是和陌生人沟通的事业。"

1985 年，法国驻各国使馆受巴黎读书沙龙之托，邀请各国著名作家回答同一个问题："您为什么写作？"哥伦比亚的加西亚·马尔克斯，也就是《百年孤独》的作者说："我写作是为了使我的朋友们更爱我。"美国的艾萨克·阿西莫夫说："我不写作就相当于不呼吸，会死。"英国的多丽丝·莱辛说："因为我是一个会写作的动物。"法国的玛格丽特·杜拉斯，即《情人》的作者说："怎么老问这个问题，为什么写作，我不知道。到 2027 年，就没人再写作了。"奥地利的彼得·汉德克说："不知道，也许明天会知道。"德国的乌尔里希·贝克回答得干脆："不会别的。"

《活着》的作者余华，在成为作家之前当了 5 年牙医，他说："在观看了数以万计的张开的嘴巴之后，我感到无聊至极，我倒是知道了世界上什么地方最没有风景，就是嘴巴里。当时，我经常站在临街的窗前，看到在文化馆工作的人整日在大街上游手好闲地走来走去，心里十分羡慕。有一次，我问一位在文化馆工作的人，问他为什么经常在大街上游玩，他告诉我，这就是他的工作。我心想这样的工作我也喜欢。于是我决定写作，我希望有朝一日能够进入文化馆。当时进入文化馆只有三条路可走：一是学会作曲，二是学会绘画，三就是写作。对我来说，作曲和绘画太难了，而写作只要认识汉字就行，我只能写作了。"

其实，当这些伟大作家有意无意地选择以写作度过一生的时候，他们的思想再自由自己也不满足，他们的表述再真切也无法描绘他们看到的世界，他们握着笔应对沸腾的大脑和心脏总是感觉文字贫乏，他们甚至多数时候沉浸在苦闷中。

同样回答这个问题的华人作家白先勇先生说："我写作，是因为我愿把内心深处无声的痛苦用文字表达出来。"巴金说："人为什么需要文学？因为需要它来扫除我们心灵中的垃圾，需要它给我们带来希望、带来勇气、带来力量。我为什么需要文学？我想用它来改变我的生活，改变我的环境，改变我的精神世界。我五十几年的文学生活可以说明：我不曾玩弄人生，不曾装饰人生，也不曾美化人生，我是在作品中生活，在作品中奋斗。"作为作家的巴金写过多少白雪阳春、阿堵传神、匠心独妙、鬼刻神劖之作，却最终以忏悔为主题的《随想录》收笔。因为唯有如此，他才能对着世界长出一口气。

从今天开始，我们就在这本书里一起学习、讨论写文章的事情。这本书，我们希望做到"三有"原则，那就是有趣、有用、有料。因为写作文不易，希望我们一起持之以恒、上下求索。

如何写好作文

怎么写文章？重要的是你要先学会文章怎么读，因为如果你不会读的话，你肯定就不会写。当你读到震荡你心灵的文章，让你思想有波澜的文章，让你有触动的文章，你觉得这些文章写得真好，你能读出来，你才能知道好文章的标准。为什么这样说呢？这是因为你欣赏他的文章，在你的印象中这就是好文章，所以你才会读，才会写，这是有一个次序的。那怎么办呢？我们怎么练呢？我觉得应该多读和多写。古人说："读万卷书，行万里路。"以前我跟人说过，要想成功你就要做两件事：一个是读万卷书，一个是行万里路。后来我坚决反对，读万卷书还行万里路，谁能成功？实际上，我觉得古人说的意思是你要读万卷书，就相当于你行万里路；你行万里路，就相当于你读万卷书——或者说你要不然读万卷书，要不然就行万里路，结果都是一样的。在人类学里，行万里路就叫田野调查。我后面会讲我的一个司机朋友写汉人入滇的专著的故事，他的专著就是行万里路行出来的。

北宋的文豪欧阳修说："为文有三多：看多，做多，商量多也。"所谓"看多"，就是多读书，多看别人的文章；"做多"就是多做，多写；"商量多"就是自己写好了文章给别人看，让别人给你一个评价，或者让别人给你一些建议。苏东坡的弟弟同为唐宋八大家之一，他叫苏辙，是欧阳修的晚辈。他说"前辈但看多、做多而已"。你看他跟欧阳修有什么区别？他少了一个商量多，他认为写文章不需要商量，多看多写就可以了。

杜甫在《奉赠韦左丞丈二十二韵》里自述学习写作的经验——"读书破万卷，下笔如有神"，也是多读的意思。其实我想跟大家说的是"破万卷"这件事，我认为它还是个虚词，其实可以表述为：读书破三本，下笔如有神。因为三本就是很多本，比如说"白发三千丈，缘愁似个长"，这里不是真的指三千丈，就是特别长的意思，可以说三千丈，也可以说三万丈。

阿乙是我特别喜欢的一个作家，他从想当作家开始才认真读书，10年后他真的成为作家。我问他："读书破万卷，下笔如有神，你现在看了多少本书？""500本。"而且他觉得如果读的是好书，或者读的是对的书，500本就足够了，这是阿乙说的。我怎么那么喜欢这个年轻有才华的作家？因为你跟他聊天不仅可以激励你，还能给你减压。如果不是他说过，我们谁敢说，读500本书就够了，对不对？但是我觉得如果读500本书，就能读成阿乙，那真是可以了。我当时听到这个答案就想，我要能读对200本书就行了。

我们经常看到"人类必读的100本书""中国文学史上的200本书""人生必看的300本书"。其实所有人看到这些书单都特别急，都心神不定，为什么呢？因为大部分书自己都没看过，而且买来看的时候大部分不想看，大部分看不下去，然后就觉得自己这辈子跟文化无关了。根据我个人的经验，我建议大家不要看这些东西。我的作家朋友阎连科说："一个伟大的作家，一定是一个伟大的读者；优秀的作家，一定是优秀的读者；三流的作家，一定是最不入流的读者。读书极其重要，就是在你的选择上。"他说他一开始读书就读的《艳阳天》，不像莫言和余华，一开始就读马尔克斯和卡夫卡，所以，自己的起点比他们低了好多。其实，我觉得《艳阳天》也不错，我一开始读的还不如《艳阳天》。

我的朋友作家毕飞宇，给我讲过他写作能力开窍的故事。那就是小时候读了李商隐的《夜雨寄北》："君问归期未有期，巴山夜雨涨秋池。何当共剪西窗烛，却话巴山夜雨时。"我觉得我和毕飞宇之间有很大的差距，为什么？因为我对这首诗的印象也特别深。我们老师当时教我们写诗歌时说，同样的字不能出现，都要变。上面是"出"，下面就得是"入"。不是有这么一个口诀吗，"云对雨雪对风，晚照对晴空"，你看这首诗，全是巴山夜雨，"巴山夜雨涨秋池""却话巴山夜雨时"，这怎么可以呢？这是我当时的想法，我觉得这不应该是首好诗，但是人家都说是好诗，我又不敢争。但毕飞宇觉得这首诗是讲一个离家好久好久的人，收到一封信，家人问他什么时候回家。他不知道，也不知道这个信是什么时候来的，因为路途遥远，也许已经寄出好久了。这个时候，这个夜晚正在下着大雨，然后门前的池塘都涨满了水。一个做了丈夫的人，一个想念家的人就瞎想，他不是回忆，而是想到了以后的日子。他想象着可能 20 年、30 年以后才能回家。但不管 20 年还是 30 年，我们都老了，老了以后我们在干什么呢？我们两个人颤颤巍巍拿着一把剪刀，在剪蜡烛上的蜡芯。烛光照亮了家的厅堂，两个嘴里没牙的人，却话巴山夜雨时，说的可能是现在，也可能是过去。他这么一解释，我们才知道，两个巴山夜雨出现得这么棒。第一次的巴山夜雨有那么丰富的意境让你想象，第二次的巴山夜雨打动你的心。毕飞宇还觉得，"却话巴山夜雨时"，这个"却"

字用得特别好。他的原话是，这个字在他的所有的阅读里面，对文学和语言的理解里面，像钉子一样钉在他心中。一首好的诗、一个好的诗句，有时候能赋予一个字顽强的生命力，这个生命力在你的身体里面，直到你死。

我对另一个"却"，也有特别深的感受。《闻官军收河南河北》："剑外忽传收蓟北，初闻涕泪满衣裳。却看妻子愁何在，漫卷诗书喜欲狂。""却看妻子愁何在"，这个"却"是回头的意思，第一他知道妻子在身后，第二他知道她有反应了，第三他知道她在愁，所以他才回头去看她。一个生动的画面，就因为一个"却"字一下子活了。所以很多人都鼓励我们，要借鉴诗词的描写方式，尤其是我们写文章题目的时候。因为诗词有格律和词牌的限制，必须规范，又要潇洒，把想表达的感情全都表达出来，所以就会"吟安一个字，捻断数茎须"。

《白鹿原》作者陈忠实先生在青少年时期的阅读养分，主要来自柳青的《创业史》。他说这本书在他床头放了好几年，最后读到什么程度呢？他每次读，只要随便打开任何一章，就可以从头到尾读下去，甚至倒背如流。他还记得一本书，就是肖洛霍夫的《静静的顿河》。他说，他白天去给牛割草，跟乡村的孩子结伙到坡上去，跟乡村孩子没有什么区别。唯一的区别，就是他脑子里头有一条顿河，还往往把家门前的那条灞河想象成顿河，就有了这一点儿小浪漫，种下了一颗文学的种子。

大多数人读书会觉得辛苦，但有一种人除外，那就是阅读饥渴症患者。什么是阅读饥渴症？就是见着文字就读，连洗衣机说明书也读得津津有味。

对于没有阅读饥渴症的人来说，可以借鉴老舍先生的读书心得。我特别喜欢老舍先生，因为他对我的影响实在是太大了。老舍先生系统地说过他读书的习惯。

第一，他读书没系统。借着什么书，买着什么书，遇到什么书都读，读不懂就放下，懂就看下去，看着让自己越来越糊涂的就直接放下，看着觉得没意思的就直接放下。他说他不能让书管着他。这句话多漂亮！

第二，他说读得很快而不记住。他说的这些不是我们常听到的道理，他说如果我看完书都能记住，那还要书干什么，书应该记住自己。对他来说最讨厌的是发问，问那个故事是哪本书里的，那句话是怎么说的，他特别烦这些问题，他说他永远不回答这样的问题。我跟余秋雨先生探讨过这个问题，因为他也是读书破万卷的人。我说："我们看书记不住怎么办呢？"然后他问了我几件事："这个在哪本书上？"我说："知道在哪本书上，但具体怎么说的，记不清楚了。"他说："这就对了。读书就是这个作用。你有几百本、上千本书，当你想找一个问题的答案，或者想找一个故事内容的时候，你知道在哪本书里，这就是读书的作用，而不是把它全背下来，不是让这些书管着你，是你管着这些书，想用的时候它能帮你。"所以大家可以消除看了书记不住这个苦恼，谁都记不住，不用为这件事担心。

第三，读完一本书不予置评，谁也不告诉。他说他有他的爱和不爱，存在于他自己心里，有什么心得他自己知道，这是一种享受。其实我觉得这是一个负责任的态度，可能他怕误导别人。尤其是看书的这些孩子，我经常有这种担忧。为什么我老鼓励孩子说不相信，我希望他们反抗我，希望他们觉得我说得不对。我就怕他们拿我说的话当圣旨、当规则、当方案用，这可能会误导孩子。我希望我讲的时候，孩子们都有五花八门的想法和观点，让他们知道想法是开放的，今天看到的只是其中一种说法。

第四，老舍不读自己写的书，也不愿意谈论自己写的书。老舍说民间有这么一句话：儿子都是自己的好。他说他其实怕沉浸在读自己写的书里，觉得真好，没有比这本书更好的书了。老舍先生说别看自己写的书，别陶醉在自己的创作状态里。有看自己写的书的时间，莫不如看一本别人写的书。儿子是自己的好，书是别人写的好，别人写的书未必都好，可是它至少会给一点儿自己不知道的东西。

第五，老舍先生说算了吧。他的意思是不用准备那么多条，前四条就够用了。有的时候为了显示我们有学问，我们会说，尽量把一条扩展成三条，最好凑成五条，十条最棒了。老舍先生非常实在地只总结了四条，第五条说算了吧，四条已经足够了。

想要写作，又不想阅读，几乎是不可能的事情。马尔克斯说，如果不读卡夫卡的《变形记》，他不会写他的第一篇小说《第三次辞世》；如果不读海明威的《一只被当作礼物的金丝雀》，他就找不到他的另一个短篇小说《礼拜二午睡时刻》的表现技巧；也正是因为读了伍尔芙的《达洛维夫人》，领略到了书中描写的伦敦的破败景象，他才完全改变了时间观念，一瞬间看到了《百年孤独》里马孔多小镇毁灭的整个过程，预测到了它的结局。马尔克斯说1947 年他 19 岁，读法律专业一年级，看了卡夫卡的《变形记》。他说："我还记得第一句话，一字不差。'一天早晨，格雷高尔从不安的环境中醒来，发现自己变成一只大甲虫，躺在床上。'我读到这句话的时候，就对自己说这样写不行，没有人跟我说可以这样写。在梦里自己变成一只甲虫。要能这样写的话，那我也能写，因为人能变成任何东西。从第二天开始，我就开始阅读了，从《圣经》开始，因为我要知道从人类之初到我为止到底发生了什么。"

卡夫卡最喜欢的作家是福楼拜，他说他是福楼拜的精神的孩子，他很早就培养了自己阅读福楼拜法语小说的爱好。他说："《情感教育》多年来如同仅有的几个朋友陪伴着我，无论在什么地方，一翻开这本书，都会使我激动不已，全然被它迷住了。"

我认为这些人是幸运的，因为他们在童年或者他们准备开窍的时候，有一本书影响了他们。但是我有一个个人的观点，我并不认为这本书对所有人都重要，因为能启发我们每个人的书，都是独特的一本书。

余华曾经告诉我，他读到的第一本好作家的书，是日本的川端康成的。1980年，他在宁波进修拔牙技术的时候，读到了川端康成的第一个短篇小说《伊豆的舞女》，后来就非常迷恋他的小说，然后几乎读了那个年代能读到的他的所有小说。余华说川端康成让他印象最深刻的就是对细节的把握非常准确而且丰富。他举了个例子，川端康成有篇短篇小说——《雪国》，里面写了一个待嫁的姑娘，未婚夫在当兵。有一天，她在路上收到了陆军部寄来的信，告诉她她的未婚夫阵亡了。他们还没结婚，她最爱的男人就阵亡了。这真是很悲惨的场面，咱们会怎么写呢？咱们先说咱们会怎么演。我能想出几个来，比如手越来越哆嗦，眼泪扑簌簌地掉了下来，号啕大哭，把信封抱在胸前，或者把它撕碎，然后天上开始配合地下大雨了。她可以把撕碎的信扔到雨里，一脚泥泞地奔跑；她还可以晕倒，直接躺在泥水里；她也可以抱着旁边的大树，身体慢慢地往下滑。每一个场面都是俗套的，司空见惯的。川端康成怎么写的？他没有一句写女孩的悲伤。他写她看完这封信以后，捧着信非常盲目地走着，走到了一户正在盖新房子的人家前面，站住了。这时候川端康成才写出女孩子的心理："是哪一对新人，要住到这个房子里去？"这句话太有力量了，是哪一对新人也不会是他们。这就是文字的力量、细节的力量、情感的力量。这就让人觉得阅读让我们的生命有意义，阅读是特别美好的一件事情。

莫言说过自己通过阅读一位作家的书一下子找到了写作的金钥匙，这位作家就是威廉·福克纳。他说："我承认许多作家都很优秀，但我跟他们之间共同的语言不多，他们的书对我用处不大，读他们的书就像我跟一个客人彬彬有礼地客套，直到我读福克纳的书，这种情况结束了。我清楚地记得那是1984年12月一个大雪纷飞的下午，我从同学那里借到了一本福克纳的《喧哗与骚动》，我端详着印在扉页上穿着西服、扎着领带、叼着烟斗的那个老头，心中不以为然。然后，我就开始阅读由一个著名翻译家写的那篇漫长的序文，我一边读一边欢喜，对这个美国老头许多不合时宜的行为感到十分理解，并且很亲切。譬如他从小不认真读书，譬如他喜欢胡言乱语，譬如他喜欢撒谎，他连战场都没上过，却大言不惭地对人说自己驾驶着飞机与敌人在天上大战，他还说他的脑袋里留下了一块巨大的弹片，而且因为脑子里有弹片，才导致了他烦琐而晦涩的语言风格。他去领诺贝尔奖，竟然醉得连金质奖章都扔到垃圾桶里了。肯尼迪总统请他到白宫去赴宴，他竟然说为了吃一次饭跑到白宫去不值得。他从来不以作家自居，而是以农民自居，尤其是他创造的那个'约克纳帕塔法县'更让我心驰神往。我觉得他的书就像我的故乡那些脾气古怪絮絮叨叨的老农一样亲切，我不在乎他对我讲了什么故事，因为我编造故事的才能绝不在他之下，我欣赏的是他那种讲述故事的语气和态度。他旁若无人，只顾讲自己的，就像当年我在故乡的草地上放牛时，一个人对着牛和天上的鸟自言自语一样……读到福克纳的小说之后，我感到如梦初醒，原来小说可以这样胡说八道，原来农村里发生的那些鸡毛蒜皮的小事也可以堂而皇之地被写成小说。他的约克纳帕塔法县尤其让我明白了，一个作家，不但可以虚构人物、虚构故事，还可以虚构地理。于是我就把他的书扔到一边，拿起笔来写自己的小说。受他的约克纳帕塔法县的启示，我大着胆子把我的'高密东北乡'写到了稿纸上。他的约克纳帕塔法县是完全虚构的，我的高密东北乡则是实有其地。我也下决心要写我的故乡那块像邮票一样大的地方。这简直就像打开了一道记忆的闸门，童年的生活全被激活了。我想起了当年躺在草地上对着牛、对着云、对着树、对着鸟儿说过的话，然后我就把它们原封不动地写到我的小说里。从此，我再也不必为找不到要写的东西而发愁，而是为写不过来而发愁了。经常出现这样的情况，当我在写一篇小说的时候，许多新的构思就像狗一样在我身后大声喊叫。"

这样的例子很多。比如，王小波说自己是到了将近 40 岁时，读到了王道乾先生译的《情人》，知道了小说可以达到什么样的文字境界。这里顺便说一句，外语作品的翻译非常重要，杜拉斯写得好，王先生也要译得好才行。所以，你要是选外国文学作品读，一定要仔细甄别不同的翻译者的不同版本。请听《情人》的开头："我已经老了。有一天，在一处公共场所的大厅里，有一个男人向我走来，他主动介绍自己，他对我说：'我认识你，我永远记得你。那时候，你还很年轻，人人都说你美，现在，我是特地来告诉你，对我来说，我觉得现在的你比年轻的时候更美。那时你是年轻女人，与你那时的面貌相比，我更爱你现在备受摧残的容颜。'"王小波就是被这段话感动了，于是他马上写出了与众不同的文字。

所以你看，阅读是一个写作者继承前人，甚至"否定"前人的过程。没有这个过程，你从哪里开始呢？

阅读很重要，而阅读的基础是识字。说到这里，顺便说说识字这件事。识字越多，自然能读写得越多。但是比认字多少更重要的是认字的深浅。对一个个汉语字和词，除了会读、会写，知道它表面的意思，更应当深入了解它的音形义的构造和变迁。如果你能这样去识字，学习词语，那等你运用它的时候，就会比别人更灵活，也更准确。

　　　　　　　　　　　　　　　　崔永元：名师作文课（基础篇）

关于写，在我看来，历史上的作家基本上分为两派：一派叫随手派，一派叫闭门派。

随手派的代表人物有英国作家艾米莉·勃朗特，她写了《呼啸山庄》，她的妹妹夏洛蒂·勃朗特写了《简·爱》。《简·爱》是怎么写的我不知道，但我知道《呼啸山庄》是女作家做家务、带娃的时候，把纸和笔放在手边，有空就写，这么写出来的。

作家贾平凹有一个很厚的笔记本，上面都是用钢笔写的密密麻麻的小字。这是他每天的练笔。这些练笔不是文章，而是三五个句子，随时想到随时写，不为作文，不为发表，只为练笔，保证自己不断地出现好的文字。

毕飞宇和美国作家斯蒂芬·金都是闭门派。毕飞宇跟我说过，他写作的时候，一定要把自己关在书房里，灯要暗，环境要安静，这样坐着坐着，脑子里的那些人物就跳出来说话、动作了，他就把它们全部记录下来。这就是他的写作方法。斯蒂芬·金也特意强调，即使你是初学者，也一定要给自己找一个安静舒适的环境，一定要与外界隔绝，这样你才能一心一意地面对自己准备创造的文字世界。如果咱们都是写作的初学者，我们是不是可以学学他们的皮毛，为自己创造一个稍微安静一点儿的环境，多找一些参考书仔细阅读，让自己静下心来，有一段专门的时间来写作？也许这样我们就能知道闭门派的要领了。

闭门派比较讲究，他们往往不会随意使用一种书写工具，会坚持用自己的笔、自己的方式。比如本雅明，他说：不要随意使用一种书写工具，刻板地坚持使用特定的笔和纸墨是有好处的。这还真不是吹的，据我所知，许多作家都有写作的特定癖好，比如一定要写在特定颜色的纸上等，就像帕瓦罗蒂每次登台演唱时，必须看到一个弯钉子一样。

不管是随手派还是闭门派，要做哪一派，全看你自己，但关键还是马上开始写，坚持写下去。

怎么写呢？有一些基础的练习办法，比如作家张大春的《文章自在》里有一些建议，我把它整理了一下，归纳成四个办法：

第一，说话练习。不管是孩子还是成年人，都需要尽早理解"准确表达思维、感受"的重要性。这就需要经常进行广泛的对话练习，而且还要练习表达的准确、凝练、生动，简单说就是做口头作文。同时，尽可能不要曝露在充满劣质谈话内容的环境之中（如观看八卦节目），以免受到污染。

第二，造句练习。可以把一句话铺衍成三句话、五句话、八句话，也可以将一大段话浓缩成几句话甚至一句话来表达。能够自如地操控语言的长度，才能够掌握精练的文字。

第三，对联练习。对联是观赏性很强的艺术，所以有时只要求字面相对，即同类同对，特别要求在声调上平仄相反，在词性上动静相当、虚实相对。情、景，大、小，远、近，高、低……两个句子要有参差对比，内容变化才会灵活。

第四，多题练习。这是个许多人都知道，也在使用的办法，就是找到一组词，三个、五个、几十个都可以，然后用它们串联出一个故事来。

我们上面讲了读书、写作练习、写作与读书的关系，基本上是在讲为写作而读书，其实，即使不是为了写作，读书也是很好的生活习惯。读书可以增加知识，提高见识，增长才干。记得我上小学的时候，教室里有这样的标语：高尔基说书是阶梯，书是面包；莎士比亚说书是全世界的营养品。刘勰是南北朝时期的文学评论家，《文心雕龙》的作者，关于读书的作用，他是这样说的："积学以储宝，酌理以富才，研阅以穷照，驯致以绎辞。"什么意思

崔永元：名师作文课（基础篇）

呢？积累知识，以此来积累自己宝贵的"财富"；斟酌和分析事理，来提高自己的思维与思想才能；研究社会生活，洞察事物的本质；从而获得准确、生动、深入的表达能力。

阿根廷著名作家博尔赫斯说，人类的各种工具之中，最令人叹服的莫过于书籍。其他一切工具均为人类身体功能的延伸：显微镜与望远镜是人类视觉的延伸，电话是声音的扩展，犁和剑是胳膊的伸长。但书籍另当别论，它是人类的记忆和想象力的拓展。萧伯纳说，亚历山大图书馆是人类的头颅。亚历山大图书馆你们知道吗？听说萧伯纳认为它是人类的头颅，它也觉得压力山大。其实，这是古埃及的一座巨大的图书馆，拥有最丰富的古籍收藏，可惜经历了两次大火，在3世纪彻底被毁了。有的历史学家说，如果亚历山大图书馆没有被毁掉，也许人类文明的进程会缩短。罗曼·罗兰说，跟书籍生活在一起，永远不会叹气。这个我特别明白，每次在社会上看到一些人、一些事不得不叹气，就回家看书，拿起书本真的就不会叹气了。关于读书的好处，我就说这么多，其他的你们可以听樊登说。

如何收集写作素材

你一定看过《舌尖上的中国》，这部纪录片的制片人是我的朋友陈晓卿。我晚上睡不着觉的时候，就喜欢看看这样的片子。为什么呢？因为它能帮我悟出许多道理，比如，关于写作文的道理。美味从哪里来？从厨房来？从优秀的厨师手中做出来？你只说对了一半，不信你回忆一下《舌尖上的中国》，里面一半的时间都在讲好的食材，也就是做饭的原材料是什么，从哪里来的。写作文也是一样，原材料很重要，好作文的一半靠原材料。

为什么我们要收集素材？因为我们面对作文题目发愁，不会开头，不会结尾，写人物对话写得硬邦邦的，根本想象不出情节的起承转合，所以从今天开始，我们把生活态度变一变，把练习写作的方式变一变，从互相交流开始积累素材，可能马上就可以笔下生风、妙笔生花了。因为我们要写的东西，都积累在我们的脑海里，在我们叙述的脉络里，在我们的掌控之中。只不过我们要把它倒出来，然后把它摆成一个形状，就这么简单。

如果我们要写一篇作文，哪怕写的是一件小事，比如《我的爸爸》《我的妈妈》《我的老师》，你的脑子里也一定得有材料。比如写《我的妈妈》，你现在脑子里的材料只有妈妈是女的，就没有办法写了。你得有关于妈妈的丰富的材料，可能需要二十个。你能在材料的海洋里自由地裁剪，这样写作自然就顺畅了。这就是我们说的选材。

有位法国作家儒勒·凡尔纳，他写了一百零四部小说，其中包括《80天环游地球》《海底两万里》。就算你没看过书，也一定看过根据他的书改编的电影。好多人都觉得，一个人怎么能写一百多部小说，他肯定有一个写作团队。于是有记者带着这个疑问去采访他。凡尔纳就给记者展示了他的写作团队。你们猜是什么？是两万张卡片，他积累的写作素材。

马尔克斯因为《百年孤独》得了诺贝尔文学奖，他也说过自己写作前的准备工作。在写作之前，他会在桌上堆满各种各样的资料和参考书，这些都是他根据需要找来的。这些资料里有关于炼金术的文章，有关于航海者的故事，有关于中世纪流行瘟疫的记载，有若干本菜谱，有关于毒品和解毒的手册，有关于坏血病、脚气病、糙皮病的研究资料，有描述内战的书籍，有家庭医药卫生手册，有关于古代火器的著作，还有二十五卷《大英百科全书》。马尔克斯说，他必须掌握如何区分雌虾和雄虾，知道如何枪毙一个人，知道如何鉴别香蕉的质量……必须计算七千二百一十四枚古金币除以四有多重，好确定四个孩子能不能搬运。

要积累大量的素材，我的老师也是这么跟我讲的，但多少算大量，我就不知道了。积累大量素材对于写作文的帮助，用海明威的冰山论解释，意思是这样的：一篇看似很简单的故事，不是靠可见的东西支撑，而是靠它后面的一切来支撑。也就是说，写一篇短故事所需要的知识、材料、条件的数量是巨大的。就像一座冰山，水上只有十分之一，但水下有十分之九支撑着它。

"胸有成竹"的典故也能说明这件事。宋代画家文与可先生竹子画得特别好，他练习画竹子的办法很简单，就是不论白天黑夜、晴天雨天，都盯着竹子看，看竹子的色泽变化、光线变化、在风雨中的姿态变化，看得足够久了，竹子就存在他脑海里了，所以他笔下的竹子就活了。晁补之说他"与可画竹时，胸中有成竹"。

如果拿冰山来说，那么十分之一是作文，十分之九都是需要积累的素材。我们怎样才能积累这么多的素材？就是要勤奋，要不停地积累。我们一定要把自己觉得有趣的或者无趣的事，当作构思里的一个素材，记在脑子里。我们看到一个场景，听到一段对话，看到一个动作，都会有大量的素材堆积在我们面前，只不过我们过去没有意识到。我们在写作文的时候，老师通常会给我们规定一个形象，甚至说这个形象不许虚构。我想问你的话非常简单：你脑子里有多少个形象？我们每个人每天至少能建立 100 个形象，只不过我们没有下意识地把它们收集起来。今天我们意识到了，这些素材会被我们全部收入囊中。有了这些素材，我们就不愁写不出一篇好文章。

孩子们总是脱离不了老师讲的写作文的规矩和窠臼，他们就在一个片段、一个环节、一个视角里采集素材，然后把它们用语言重新总结。这很有难度。我们能不能换个视角看素材？能不能换个视角总结？当换个视角看素材的时候，那些素材忽然就变得有价值了，或者我们以前觉得特别有价值的素材，现在却觉得不过如此。

记得有一次我们去爬一座可以看到地质状况的山。我在那儿抠石头，边抠边说："这石头这么紧，都抠不下来，非得拿凿子凿才行。"这就是我的视角。但是和我同去的哥们儿就在那儿仔细看，说："人算什么，这是两亿年前的石头。"一下子就把我震住了。他的视角多好，只凭那一点儿土、一点儿粒子，就推断出是两亿年前的石头。

所以我们需要经常变换自己的视角和思维方式。这样你就会觉得眼前一亮，而不是老师一布置作文题目，就眼前一黑。

问题在于我们经常没有素材。我们没有素材的主要原因，是我们不知道怎么捕捉这些素材。我们不知道怎么捕捉这些素材，是因为我们不知道，哪些素材对我们有用。所以我们会看到，当我们出去聊天的时候，有的人滔滔不绝，有的人没话说，但有的人滔滔不绝还特有意思，有的人滔滔不绝却没什么意思，还有的人就只能做个旁听者，有的人还特别不会旁听。

所以我建议你们仔细地观察观察，看一看、写一写。我们看的每一个素材，我们记下来的每一个素材，都有可能用到作文里。你记了一本素材，其中有两个素材，你用到作文里就足够了。

有时候作家也会遇到写作"瓶颈"，这时候放下笔，走出去体验生活找素材可能就会走出一片新天地。阿来在 1989 年的时候，突然觉得自己写不下去了。1989 年到 1994 年，他走遍了自己的家乡四川阿坝的乡村土地，八万多平方千米的大地啊！在这个过程中，他找到了自己跟乡土的关系，然后诞生了《尘埃落定》。

有一首歌你们听过吗？歌词是"一条大河波浪宽，风吹稻花香两岸"。这是电影《上甘岭》里的插曲。这首歌的创作过程特别有意思。当时电影已经拍完了，但是没有合适的插曲，导演沙蒙先生说让乔羽写词。乔羽特别厉害，他写过《让我们荡起双桨》。

导演给乔羽拍了个电报说，我们这边电影拍完了，等着你来写歌词，你赶紧到长春电影制片厂来。乔羽回电报说，我没有钱了，你先借我五块钱，就算第一笔的稿费。厂里赶快给他汇了五块钱。乔羽来了以后，沙蒙就对他说："你抓紧把歌写出来，现在我们所有的人都在这儿等着呢。这个剧组没有解散，一天就是上万块钱。"那个时候一天上万块钱，压力多大。所以乔羽就急忙问："你想让我写什么样的歌？"导演说："很简单，就是有一天这部电影都没人看了，歌还有人唱，你就写个这样的就行了。"也就是让他写一首经典的歌。之后一个星期，乔羽写出来两句歌词，由于压力太大了，第三句迟迟写不出来。

忽然有一天下了一场大雨，第二天乔羽出去的时候，发现小路上有好多小水潭，孩子们光着脚，在水潭里面跑啊玩，还有的人用纸叠了只小船，放在小水潭里。乔羽看着看着忽然想出了歌词："一条大河波浪宽，风吹稻花香两岸。"导演把歌词给剧组看了，大家说这歌不错，但是第一句有问题。为什么是一条大河波浪宽呢，这是哪条大河呢？中国有两条大河，我们建议把它改成"长江黄河波浪宽，风吹稻花香两岸"。乔羽想了想，还是想叫"一条大河"，因为他觉得在每个人的记忆里总会有一条大河。这条河不一定是长江或黄河，也许是他们家门前的那条大河，他们省里的那条大河，县里的那条大河，村里的那条大河。这条河可能不是全世界最有名的，可能有的中国人也不知道，但是对于他来说，那就是最重要的一条大河。就像肖洛霍夫写《静静的顿河》，在他的脑海中顿河是最重要的，在陈忠实的眼中渭河是最重要的。所以最后还是用了"一条大河波浪宽，风吹稻花香两岸"。

后来我们采访乔羽的时候，他的年龄已经比较大了，不太爱跟人对话。我们特别认真地说："乔羽先生，您看您给我们村里年轻人写的歌多好，'人说山西好风光，地肥水美五谷香，左手一指太行山，右手一指是吕梁'。这么好的歌词您是怎么想出来的？"他跟我们说："我当时打开窗户，左手一看是太行山，右手一看是吕梁，我就写上了。"他的歌词写得这么好，是因为他观察过。咱们什么时候观察过？谁走到一个新的旅游地，会把窗户打开，看看地理方位？没有吧？大家都急着去买纪念品了。

有一次，我的医生带我和一位新朋友吃饭。我和这位朋友聊到"汉人入滇"，也就是汉族人怎么去云南的这个话题，他讲得头头是道。我问他是什么职业，他说是司机。那他是怎么知道这些知识的呢？他的工作是负责接送领导。领导去视察，他也要随行。视察地的工作人员会向领导介绍当地的石碑、文化，还会把碑帖送给领导。这位朋友也沾光收藏了好多碑帖，回家就仔细研究，遇到不懂的地方就拿去问领导，或者看书。有时候领导去开会，他就留在车里研究碑帖、看书、写稿，最后他出了两本书，主要是针对"汉人入滇"的学术研究，填补了中国考古史、中国历史关于"汉人入滇"事件的空白。我听完非常佩服他，觉得他比大学教授还厉害，因为他是经过田野调查的，不是道听途说，更不是只靠看书看来的。

你有没有想过做这样的事？今天我们出去，比如登山、旅游，不管干什么，我们脑子里要有看到好素材就把它们收集起来的想法。如果没有想过做这件事，那就不要抱怨写东西的时候脑子空空的。没收集当然什么都没有了。为什么我说收集好呢？因为收集到的是新鲜的，是第一手的。有人说多看一些书行不行？作品是第二手素材，是别人收集过的。这样的素材，对我们的作用要比我刚才说的第一手素材弱得多。我们可能看出来，人家是怎么剪裁的，怎么用的。但是如果我们有第一手的素材，就更好。

只有真的生活、真的世界才这么五花八门，这么鲜活，这么可爱，这么好看。我们每个人都经历过五彩斑斓的生活，却没把它当回事。我们要写作文，要向别人传递信息和情感，但从来没有把这两件事结合起来，所以就导致我们看到再新鲜的事情、再好玩的事情，都认为这只是个事情；看到再有趣的人，也只是认为他是个有趣的人。

如何收集好的原材料，也就是素材呢？

先说收集什么。我觉得日常积累的素材，主要是两类。第一类是故事的核，或者一个点子。比如我曾经采访过一位在北戴河救了上百个跳海自杀者的农村妇女，做了一期《实话实说》节目，标题就叫"郭大姐救人"。这个故事讲起来很长，细节也很丰满和充实，但这个故事的核几句话就说清楚了。即使你没看过这期节目，听我说了这几句就知道了。这个核可以通过充实细节变成一个故事。

故事的核或者一个点子、一个想法，有时候来自跟朋友的聊天，有时候来自社会新闻，有时候来自微信朋友圈，有时候来自自己的脑洞。也许做了一个梦，就能梦出一个好的故事的核来。

第二类是人物和场景。各个民族、行业、年龄、性别的人物都有些什么突出有趣的特征，各种不同的场合和场景有什么特征。

俄国作家果戈理有一次在餐厅跟朋友聚会。他看了看菜单，觉得菜品很有意思，就把朋友晾在一边，埋头把整个菜单抄写下来。朋友问他："你抄菜单干什么？"他说："有用，这个是资料。"后来这个资料真的用在了他的作品里。果戈理的主要作品在中学语文课本里有节选，比如《钦差大臣》和《死魂灵》，你们以后可以找一下，看他把菜单用在哪儿了。在他眼里菜单为什么重要呢？因为这类细节特别有力量，就像盖一座房子，里面四通八达，房顶有各种各样的大横梁、小横梁，地下有支架、木板，每一个建筑材料都是有用的。所以果戈理知道菜单有用，他在那个年代写下这个菜单，将来的人就会知道，他们为什么要吃这样的东西，贵族吃什么东西，中产阶级吃什么东西。

契诃夫你肯定也不陌生，《变色龙》《装在套子里的人》都是他的代表作。他笔下的人物活生生的，就因为他有本生活手册。据说里面记录了超过一万个流放犯和移民的生活状况。关于运用材料，契诃夫说："必须写自己看见的、感觉到的，而且要写得真切、诚恳才行。"我们一般人做不到记录超过一万个人的素材，但要知道这是重要的、有效的方法。

英国作家狄更斯写作时有一种夜游的习惯。每到夜晚，他就来到街头，走街串巷，然后来到一个下等公寓或酒吧，把所见所闻记录下来。这是不是挺吓人的？其实你们不知道，晚上和白天我们面对的是不同的世界，因为我晚上老睡不着，所以我知道。

有的人主张收集素材的时候，还可以收集一类，就是情节，比如，一些有趣的人物的出场方式，一些很好用的情节转折方式，如误会、巧遇等。有人还专门收集电梯或公共洗手间里发生的各种情节，准备用在自己的作文中。我个人不主张收集这类素材，这类素材就像被别人嚼过的馍，食之无味，情节还是要在自己笔下自然生发。

美国著名作家斯蒂芬·金，他的小说《闪灵》《肖申克的救赎》《绿里奇迹》都被拍成了著名电影，长映不衰。关于收集素材，他的窍门是，日常观察和收集材料，比如常去的餐厅，有特点的酒吧，拥挤的车站，有特点的人物，他把这些场景和特征记在脑子里，用的时候调动记忆，让这些画面出现在脑子里，然后把主要的几个细节特征描写出来，有的地方也可以加上想象。所以他笔下的场景和人物都很鲜活。

陈晓卿刚到电视台工作的时候，为了保证纪录片的真实性，非常勤奋地收集材料。比如拍《远在北京的家》时，他拍了几个从安徽到北京来做保姆的女孩。他可以连着拍几年，过春节的时候，他和她们一块儿坐火车回老家。想想谁会这样做节目，那收集材料对不对呢？

传统上，大多数作家认为要积累足够多的鲜活的写作素材，需要长时间地、深入地体验生活。听我说到这里，你一定心里发怵了，心想我哪有那么多时间去深入体验和观察生活呢？我可以告诉你两个关键技巧，让你脱离苦海。

第一，观察和体验不需要专门的时间和精力去做，你把它当成一个生活习惯就容易多了。你坐出租车去见朋友时，可以跟司机聊聊，观察一下他的车内环境，觉得有点儿意思的就记在脑子里，如果怕自己记不住，就编条微信发给自己。坐地铁、跟亲朋好友吃饭唱歌、去做志愿者、去参加首映式、去医院探望亲友、被老师或领导叫去谈话，甚至跟人吵架……任何时刻你都可以随时观察和记录各种不同的生活场景和有趣的人物。阿根廷著名作家博尔赫斯说过："一名作家，或所有的人，都应当把发生的事看成是一种工具。"所有他碰上的事都有某种用处……他所遇见的一切，甚至侮辱、气恼、不幸等对他来说就是……一种创造艺术的材料。

第二，当代许多作家并不主张一定要长时间深入地体验生活，比如我前面提过的斯蒂芬·金，他认为体验生活只需要找到自己需要的背景知识和关键信息就够了。他举例说，他的某本小说里，需要美国某一个州的警察执勤时候的一些细节，于是他就去跟人家联系体验生活。在我看来他的体验就像走马观花、蜻蜓点水，坐着巡逻车转了一圈，跟巡警喝了杯咖啡，他想要的细节特征到手，体验也就结束了。

　　　　　　　　　　　　　　　　　崔永元：名师作文课（基础篇）

之所以出现这样的观点和做法，我觉得还有一个原因，也许是现代社会信息量太大，获取知识的途径太多。通过电影、电视、互联网，现在的人们的知识储备普遍比前人丰富。许多时候你用在自己作品中的某些知识点或生活经验，你通过其他途径就已经得到了，或者很容易得到。说到这里，我想起我的作家朋友阎连科跟我说过的一些话，也许能辅助说明这个现象。他说的是关于文学作品中的景物描写，他注意到 20 世纪前传统经典文学作品中，往往有许多景物描写，比如托尔斯泰、巴尔扎克、屠格涅夫等人的经典著作，动不动出现好几页或十几页的风光描摹，写一个人光写他穿的衣服就能写五页，写一条街道又是五页。他说他年轻的时候，看得如饥似渴，因为没有电影、电视、电脑可以看到这些风光，顶多看到一两张照片。现在的孩子不一样了，什么没看过，别说通过屏幕看，就是出国旅游去实地看看，也不是太难的事。所以，他的建议是时代不同了，可以不用大篇幅描写景物，阅读经典的时候，也可以跳过不读。对了，阎连科是在部队当兵的时候，在部队报纸上发表了处女作小说。他说他投稿之后也跟我们第一次投稿一样心怀忐忑，终于等来了编辑部的来信，第一句话是景物描写不错，第二句话是以后别抄屠格涅夫的了，第三句话是很有潜力可以发表。所以，最后一个窍门是：如果你有志于发表作品，一定要找一个好编辑。

　　再说收集载体。

　　茅盾先生说："身边应当时时刻刻都有一支铅笔和一本草簿，无论走到哪里，你都要竖起耳朵，睁开眼睛，像哨兵一样警觉，把你的所见所闻随时记下来。"铅笔你肯定知道，草簿是什么呢？就是用很粗糙的草纸装订起来的小笔记本。现在大家一般都不用铅笔和草簿了，但这个道理没变。如果觉得本子和笔不方便，那能不能把手机当成记事本呢？利用手机的记事功能，当听到一句有意思的话时，你就把它记下来当作一个素材。

　　比如我的作家朋友海岩，他写的小说《便衣警察》《玉观音》《永不瞑目》都被拍成了热播电视剧，他的小说也成为中国各大监狱图书馆借阅率最高的书。海岩就跟我说过，他经常用手机写东西，因为他是五星级酒店的董事长，很忙。当他发现好的素材时，就把这些素材打在手机上用短信发给自己，这就相当于茅盾的铅笔和草簿。他的小说就是这么积累起来的。当然，也有完全相反的人，海岩在短信时代就用手机写作文了，毕飞宇到现在还不用手机。

　　　　　　　　　　　　　　　　　　　　　　崔永元：名师作文课（基础篇）

如何运用语言

即便我们有了一个好标题，甚至在写之前知道了开头和结尾，知道中间的故事怎么写，知道观点如何表达，但我们特别苦恼用什么样的语言范式。现在我们开始讲语言。关于写作文的语言，千言万语说不尽，我只讲五件事：独特、直接、简练、风格或语感、生动。如果我们能把这五个方面都做到，那么文章就会有点儿与众不同。

第一，独特。

什么是独特，就是不用习语，不用前人用过的甚至用烂的写法。什么是用烂的写法呢？写山水就四个字："青山绿水"；写天气就两个词："秋高气爽""晴空万里"；写人物就八个字，要么"目光坚毅"，要么"尖嘴猴腮"。同样是写西湖，杨万里看别人都写了那么多，怎么才能写得不同呢？"接天莲叶无穷碧，映日荷花别样红。"苏轼一看，你都无穷、别样了，那我不描写景物了，我把它变成一个美女，让她化妆好看，不化妆也好看，于是有了"欲把西湖比西子，淡妆浓抹总相宜"。你看他们的奇思妙想特别好，让你只能接受它、欣赏它，这就是写作的独特性。所以你不用担心想不出新的写法，只要你愿意下功夫，用科幻手法都可以写出自己的西湖。

当然，也不能为了不同而不同。怎么能写得不同呢？有个很简单的关键技巧是抓主要特征。无论写景写人，一般都不需要面面俱到，读者也没心情通过你的文字看出一张人物照片来。如果我们要写的人或物，给了我们他的独特性，那我们一定要抓住，比如写一个人不停地抽鼻子，他就是与众不同的，这就够了。当然，他的独特性也可能是隐蔽的，这就需要你仔细观察，再把它写出来。老舍也说过：如某人的下巴光如脚踵（脚后跟），或某人的脖子如一根鸡腿……这种形容是一句便够，马上使人物从纸上跳出，而永存于读者记忆中。反之，若拖泥带水地形容一大片，而所形容的可以应用到许多人身上去，则费力不讨好。

《白鹿原》的作者陈忠实老先生，有一次接受我采访的时候，也谈到这个问题，他说：我们传统的四大名著里，把几个典型的中国人物形象都写完了。谁都逃脱不了那几个典型的人物形象，一说到谁凶猛、粗心，就是张飞、李逵、鲁智深；说到谁运筹帷幄，就是诸葛亮、刘备。所以他写《白鹿原》的时候，就索性不写形象。陈忠实先生写的《白鹿原》创作手记，标题就用了海明威的一句话：寻找属于自己的句子。

第二，直接。

斯蒂芬·金说：首先用你想到的第一个词，这个词往往最准确。我们有时候真的会遇到这样的情况，我们尝试为作文起了好几个名字，但最后还是觉得第一个好。所以我的建议是，想到第一个词就把它记下来。

另一种直接是尽量不用被动语态，比如"机器猫被神探柯南踢了一脚，然后被他扔出了餐厅"。如果换成"柯南踢了机器猫一脚，拎起它就扔出了餐厅"，句式短了之后，是不是更生动？还有，要少用副词，"柯南狠狠地踢了机器猫一脚"，完全没必要加这个"狠狠地"，都动手动脚了，还能不狠狠地吗？读者如果不能体会到动作后面的态度，加"狠狠地"也没用。许多作家也都提醒过我们这一点，比如郭沫若郭老就说过："写文章要老实一点，朴素一点，看到什么，想到什么，就写什么，要使文章生动，我想少用形容词是一个秘诀。"美国著名报人斯坦利·沃克说："要像挑选宝石和情人那样选择形容词。形容词太多是危险的。"写过《包法利夫人》的法国作家福楼拜说："我们不论描写些什么事物，要把它表现出来，只有唯一的名词；要赋予它运动，只有唯一的动词；要赋予它性质，只有唯一的形容词。相似的词都不好，更不要说随便搪塞了。"

第三，简练。

关于简练，老舍推荐过一句诗："小楼一夜听春雨，深巷明朝卖杏花。"十四个字，场景、情节、故事全有了。俄罗斯的车尔尼雪夫斯基没直接说简练，他说的是紧凑，我觉得是一个意思。他的原话是："紧凑——是作品美学价值的第一个条件，一切其他优点都是由它表现出来的。"现在主要的美学通病，就是水分过多。他当时都觉得水分过多，要是活到现在，简直觉得是汪洋大海了。说到简练，欧阳修写过一个最简短的故事：逸马杀犬于道。意思是一匹马受惊了，在路上狂奔，踩死了一条狗。中国古代还有一张最简练的状纸，就是一个寡妇想要改嫁，那时候不能自己做主，要给县太爷写申请提出改嫁的理由，她就写了八个字："夫死，无嗣，翁鳏，叔壮"。丈夫去世了，没有孩子，婆婆去世了，公公也是独居，小叔子正当青春壮年。你看，写得这么简练，理由还特别充分，县太爷马上就批准了。电报是我们以前的通信工具，那个时候普通人家里没有电报，要出去花钱发电报。当时小说里写电报都喜欢用"母病危速归"，这五个字要花六毛五，所以为了省钱，就事先约定，出事就直接发电报，电报上只写两个字"速归"。新时代的《北京晚报》继承了这个风格，你看过它上面登的征婚启事吗？有四个字是："京离无孩"。写明白了吗？很明白，是吧？北京户口，离婚了，没孩子。多好的条件啊，就四个字说明白了。其实报纸广告和电报是按字算钱的，所以字越少越省钱。虽然现在我们的生活中发报纸广告和发电报的事情已经很少了，但是无论微信还是微博，你写的依然是越精练越好。日常写作字数越少越好，文学作品是按字算钱的，却是越多越好，所以，写小说的人很容易写多了。这点我们要向海明威学习，因为他为了让作品语言简练，说自己都是站着写的。站着写有好多优点，第一是可以写得简练，第二是对腰椎好，第三是节省空间，剩下的你们自己想吧。

第四，风格或者语感。

王安忆是上海作家，她的作品充满了海派风格，她不用写方言对话，你都能感觉到你侬我侬的腔调。老舍是写老北京的，《茶馆》和《骆驼祥子》一看就是北京味儿。那么，语言风格可以模仿和借用吗？我觉得可以，最典型的例子就是香港作家李碧华的《霸王别姬》。《霸王别姬》是写京剧界的梨园行的，李碧华为了找到北京味儿的感觉，动笔前大量阅读老舍等人的作品，从语感上靠近北京味儿，并且在短时间内找到了北京方言甚至梨园行的语言韵味。这就是语感。老舍的《茶馆》我们一看就知道故事发生在北京，在里面秦二爷有句台词是说："我希望这个世道好，谁也不欺负谁。"我当时听到这句话时，鸡皮疙瘩都起来了。别说在清朝，就是在现在，到底能不能做到谁也不欺负谁呢？这就是老舍的语言魅力。所以说，打动人心的写作语言是用华丽的辞藻组成的吗？我觉得不一定，但它一定来自你对生活的观察，来自你发自内心的表述。

阿乙有一次接受我的采访，说一路走来，模仿过20多个作家，就像写毛笔字的临帖，一路临帖，一路进步。阿乙，你们知道吧？中国当代最优秀的青年作家，这不是我说的，是北岛说的。他这几年饱受病痛的折磨，2018年刚刚出版了新的长篇小说《早上九点叫醒我》，祝福他。这是语言风格。另外，阿乙还讲到如何提高语言风格，那就是在自己需要的时候，大量读诗训练自己的语感，因为诗最有韵律感。孔子曾经说过一句话，说得特别绝对，就是"不学诗，无以言"。当然，他的"诗"指的是《诗经》，你不把《诗经》读好了，你都不会说话。

此外，马尔克斯还讲过一个很具体的例子，就是他开始创作《百年孤独》的时候，一直找不到合适的语调，经过反复掂量，终于想到了他的外祖母，他是这样说的：最无可置疑的语调是我外祖母的语调。她用一种极其自然的语调讲述最异乎寻常、最令人难以置信的故事。马尔克斯认为，他外祖母讲的话就是魔幻现实主义。

除了文学写作，在应用写作上，比如做广告或创造产品品牌，努力靠近你的目标客户审美取向的语感，让他们记住你的产品，也更容易成功。比如，美国可口可乐公司经常在中国人过春节前推出带有品牌的对联，1998年春节的一副对联就很能说明问题——新春新意新鲜新趣，可喜可贺可口可乐。看了这副对联，你是不是在吃年夜饭的时候也想来一口可口可乐呢？另外，日本汽车品牌在取音译汉字的车款名时，也很讲究：雅阁、歌诗图、思域、丰田。所以，我的建议是，如果你想练习文学写作，碰巧又喜欢某个作家的语言风格，可以去模仿，即便是练习，也是有益的。如果你在从事应用文体写作，那就多去研究你的目标客户。

我还想特别说明一点，目前在中国写小说和剧本的圈子里存在一种误解，认为创作就是虚构故事。故事编得越好看，就越吸引观众，所以创作者认为把故事编得好看就够了，于是越来越忽略文学语言和语感。还有个背景，也加剧了这种倾向，那就是网络化语言、娱乐化语言的风行，使得小说和影视剧本的语言也越发粗鄙、简单粗暴。这简直就是对我们传统文化毁灭性的打击。故事是文学的骨架，语言是文学的肌肉，咱们不愿意天天看骨架吧？

第五，生动。

上面说到的直接和简练并不意味着语言的干巴巴和枯燥。契诃夫说："要展示，不要讲述。"原话是："别告诉我月正圆，给我看破碎玻璃上闪烁的光，更奥妙。"写作的最高要求，我觉得是生动。这个往往需要长时间的锤炼。中国当代的语言中，我觉得最生动的是民歌歌词。民歌歌词里，最生动的是信天游。

听见干妹唱一声
浑身打战羊领牲
你吃烟来我点火
多会把你的心亏着

上河里鸭子下河里鹅

一对对毛眼眼照哥哥

煮了豆钱钱下上米

路上搂柴照一照你

清水水玻璃隔着窗子照

满口口白牙对着哥哥笑

我想对孩子说，想对家长说，写作文有办法，写篇好作文并不难。

我们请来老师、找来孩子还原了一堂作文课，倒是想看看，名师们有多大本事。作为课代表，我发着烧听完了所有的课。

在我看来，管建刚老师的作文课已经不是课了。他直面孩子们作文的虚假，表达出对他们灵魂的担忧。

童真童趣本是孩子一生的瑰宝，但在作文里，很多家长和老师却不允许孩子真实地表达。管建刚老师用生动的例子、深刻的语言告诉我们，这样不对！有意思比有意义更重要，童真童趣才是孩子写作的源泉和核心。真实的表达能让孩子爱上写作文，对孩子一生都有积极作用。成人社会的包容和支持刻不容缓。这是一次讲给家长和老师的课程，也是一次中国作文教育的全新探索。下课后很久，我们还陷于沉思。

郑冬梅老师的课就像变魔法一样，孩子们只要听一段声音、吃一块饼干、看一幅漫画，就能写一篇感情充沛的作文。几片落叶，可以激发孩子的灵感，写成一篇童话故事。写自己的爸爸妈妈，先坐在他们身边仔细观察他们。小学生笔下的五十位爸爸妈妈终于不一样……一次，我作为课代表意外被罚站，孩子们的童言童语，饱含着真心，让家长和我当场落泪。孩子们的内心世界如此丰富美好。

其实每门课都一样，它关系到每个孩子的成长、每个家庭的和睦、每个社区的素质。

所以，就算你长得像我这么大，也可以重新学习。

每个孩子都能
写出精彩的作文

管建刚

江苏省语文特级教师

苏州市吴江区管建刚作文教学研究室负责人

崔永元说：

在我小的时候，常常穿个背心，沐浴着灿烂的阳光去上学，忽然有同学传达明天要考作文的消息，大家第二天心照不宣地换了厚衣服，那是因为大伙儿从心里觉得有点儿冷。不知道当时的老师教作文的时候心情如何，我想老师的心情未必愉快。

怎样能让老师轻松地教，孩子轻松地学呢？通过管建刚老师的教学，我得出了一个重要的答案：首先是老师要理解孩子，理解他们的情绪和视角，理解他们的所思所想，挖掘他们的天赋。

而最重要的，是把孩子当成孩子。

你为什么不接受真实的孩子

"儿童的写作"，这五个字的关键词是："儿童"。

我们常常遗忘掉一个非常重要的点，那就是写作的人是儿童。我们一直有一种根深蒂固的错误观点，认为儿童就是缩小的成人。就像是现代医学出现之前，人们一直以为妈妈肚子里的小小人，从一开始就有手有脚，然后才一点点长大的。

有了显微镜后，人们发现原来妈妈肚子里的小家伙，最初和成人的样子是完全不一样的。它就是一个细胞、一个受精卵，它没有头、没有脸、没有手、没有脚。

我们今天对儿童的错误认识，也许就像当年我们对胎儿的错误认识一样。

其实，儿童的情感世界，跟我们成人差异太大了。

真实的儿童生活和儿童世界你能接受吗？你能理解吗？

一个人说真话，说心里话，会觉得很开心。两个小姐妹谈心里话，聊着聊着两个小时就过去了。但是当某个人没办法把自己心里的话掏出来的时候，他就会觉得很苦闷。

比如，有一位阿杜老师，找不到女朋友，按常理来看，小学里女老师居多，突然来了一个帅哥，应该很受欢迎啊。但他不会说话，总是说着说着就冷场了，哪个女孩子愿意跟一个不会说话的人在一起呢？

直到后来有一位小张老师跟阿杜交朋友。我们所有人看在眼里都很开心，但是又很担心。我们就私下里对女老师说，阿杜除了说话少一点儿，各方面都很优秀。

小张老师说："我跟阿杜在一起的时候，都是阿杜在说话。"

你看，当遇到了喜欢的人，就算是平时再沉默寡言，也会忽然变得伶牙俐齿，有很多真实的话要表达出来。

而很多小孩子，恰恰相反。他们平时在大人面前滔滔不绝，但一到写作文时就不行，那是因为真实的那个他被屏蔽掉了。

小杨老师有一次拿着学生写的一篇作文跑到我这里来说："管老师，你看这篇作文。"

作文如下：

反常的杨老师

杨老师似乎吃错了药，一整天都怒气冲冲的。

昨天杨老师一整天没来，正所谓"山中无老虎，猴子称大王"。"杨老虎"不在，我们这些小猴子一整天当大王。今天小猴子们认为老虎不会来，早读时乱哄哄的，也没人管纪律。就在这时"杨老虎"走了进来。

叮咚——您的好友"杨老虎"已上线。"哇啦啦、哇啦啦……""杨老虎"嚷开了，眼里还喷出了怒火，吓得我们这群小猴子不敢吱声。杨老师怎么变成这个样子？和之前温柔的杨老师简直是天壤之别，不，简直是"钻土之别"呀！

语文课上，我们大气都不敢出，生怕哪个不对，惹得"杨老虎"大发雷霆。杨老师点了一个同学，叫他回答问题，他小心翼翼地说："众人看严监生时……"还没说完就被杨老师的吼声给打断了："只要说动词！"那个同学战战兢兢地说："点一点头。"

杨老师今天是怎么啦？我认为有三种原因：

1. 杨老师昨天心情不好，所以请假。今天心情还不好。

2. 杨老师昨天心情不好，请假一天，狂吃狂喝，今天早上发现自己胖了

10 斤。

3. 杨老师昨天心情不好，请假一天，狂吃狂喝，今天早上发现自己胖了 10 斤，想吃减肥药，结果吃错药了。

看完这篇作文后，杨老师说："管老师，我觉得这篇作文不错，可是我受不了。"

我问杨老师："我们把这篇作文稍微改一改，假设写的不是'杨老师'，而是妈妈——妈妈狂吃狂喝发现自己胖了 10 斤，想吃减肥药，后来吃错了药……这样行不行？"

杨老师说："可以。"

但是，如果孩子写妈妈狂吃狂喝，又吃错了药，说不定妈妈又受不了了。

这是非常有意思的一件事情。孩子写出文章，给老师看的时候，老师觉得受不了，因为这位老师根本不是从文章本身的角度来看的。他的评价标准是自己能不能"受得了"。当大人们以自己的标准去评价孩子，孩子就会知道：我首先要写的话应该是好听的话，让看的人开心。

孩子内心的语言就这样被放弃了。

还有一篇文章是一个成绩不好的孩子写的，大意是自己买彩票中了大奖，有了一切。后来去广场玩的时候，他逛着逛着突然发现前面有个满脸褶子、一瘸一拐的老太太，再走近一看，原来是自己的小学语文老师。

这样的孩子，内心水深火热。他因为成绩不好，在学校里感受到的幸福和快乐会少很多，也很少能得到老师的认可。有的孩子还会趁着上课上厕所，

崔永元：名师作文课（基础篇）

然后就不回来了，厕所反而成了他们的天堂。

这样的孩子对老师的态度，不太会是"老师对我是多么好，老师，我感谢你"，而是会带着不满的情绪。

这篇作文得了零分，这位学生还有可能要被请家长。老师在旁边写了一句霸气的评语："这周你站着上课！！！""站着上课"还不足以平息她的情绪，三个感叹号也还不够，只有三个大大的空心感叹号，才足以诠释她的怒气。

小孩子写这篇作文完全是一种情绪的发泄，可大人不允许孩子在写作时表达真实的情绪。我们反过来想，大人在评价这篇作文的时候，是不是完全凭自己的情绪呢？

这是个悖论——我们不允许小孩子抒写情绪，但是我们却用情绪在对他们进行评判！

儿童的写作本身就叫情绪写作，中学生的写作叫情感写作，大学生的写作叫思考写作，成人的写作叫思想写作。

小孩子就是要写自己的情绪。情绪是变化的，今天他可能说"妈妈你真好，妈妈我爱死你了"。你要是批评他一下，或者哪一件事情没满足他，他"砰"一声关了门，说"我恨死你了，我再也不要你这个妈妈了"。这就叫情绪。

儿童是有情绪的，他在情绪状态下写的东西——"恨死你""怨你""咒你"，是不是真的表示恨死你呢？不是。他在某一个状态里说"爱死你"，是不是他所有的不好情绪都没了？也不是。

他的情绪在哪一点，就写哪一点；他只写此时此刻的真实想法，抒发当下的喜怒哀乐。但是，我们往往不认同小孩子心里有那么多的情绪。

有这样一篇小学生创作的 600 字的作文，文通句顺，感情真挚——《那一刻我感受到了爱情》。

文章讲的是一个孩子和自己有点儿喜欢的女生一起去奶茶店喝奶茶，两个人你一杯、我一杯，这种感觉太好了，这大概就是传说中的初恋吧。

阅卷组组长看了以后，建议给零分。

小孩子写出了自己内心的真实状况，将它展示给我们成人世界，但我们成人世界不赞同。我们成人伺机在它刚冒出芽的时候，一巴掌把它拍死，总认为这个不行，那个不对，是负能量，是乱七八糟的。

孩子是有负面情绪的，情感也是不稳定的。当下的孩子，物质生活方面得到了极大的满足，但并不意味着幸福指数也得到了相应的提高。孩子面临着很多竞争，比如几周一次的语文、数学、英语考试；比如在学校里，很多项目都要比赛——走路要快、吃饭要光盘、排队快、出操快。

时时处处存在竞争，那么孩子的情绪肯定会忽高忽低。这种真实的情绪是要倾吐出来的，如果我们不允许，就切断了理解孩子的途径。

我们评价一个孩子的作文好或者不好，往往还是延续二三十年前的思路：思想健康、中心明确、语句通顺。事实上，世界的变化已经太大了，如果你用同一把尺子去衡量，这是很可怕的。

在作文教学上，很多人还在用 30 年前那把过时的尺子，衡量今天的孩子写的文章。这个现象如果放到文学界一比较，我们就知道我们的孩子写作有多么落后。

举例来说，20 世纪 90 年代初，贾平凹写的《废都》曾经引起巨大关注，大家都当禁书来看，贾平凹也被有的人评价为"色情作家"。

在《废都》出版后不到 10 年，也就是 90 年代末期，《白鹿原》出现了，这本书的作者是贾平凹的老乡：陕西的作家陈忠实。

《白鹿原》与《废都》在尺度上类似，但它不仅能够完整出版，还获得了第四届茅盾文学奖。

如果《白鹿原》的出版是一个偶然事件，那么，又过了 10 年，莫言的《蛙》出现了。这本书写了计划生育，如果放在 1988 年、1998 年，它不可能出版，但是到了 2010 年，这本书不但能出版，还获得了第八届茅盾文学奖。

通过这三本书走过的 20 年，我们发现文学界对一个文学作品的评判标准发生了根本性的变化。但现在，我们是不是仍然在用 20 年前的老标准，来衡量今天的儿童写的作文？

作为家长，看孩子的作文评语跟你小时候的是不是一样？作为老师，你现在判断一类文、二类文、三类文，是不是跟你刚当老师时基本一样？

这三本书出现后，莫言获得了诺贝尔文学奖。这就说明了，包容才是强大的表现。文学作品，也应该开放包容；儿童的写作，也要开放包容。

我们不妨看一下近 40 年，校园里发生了哪些颠覆性的变化。

20 世纪 70 年代的教室，墙上斑斑驳驳的，桌子是长的，是真正的"同桌"；80 年代变好了很多，墙上有彩色的图纸，长桌换成了两个独立的小桌子；90 年代，环境更好，有了不锈钢的防护窗；00 年代又变了，窗上还多了窗帘；到了 2010 年，你会发现教室的变化更大了，大部分的教室里都有投影仪。

从 20 世纪 70 年代到 2010 年根本性的变化是：70 年代，如果孩子去读书，要带脸盆、水壶、被子、干粮，那时，如果戴一块手表，就是奢侈品；到了 80 年代，手表就是必备品了，奢侈品是录音机；90 年代都不流行录音机了，直接戴上随身听；90 年代的奢侈品是 BP 机，到 2000 年直接是手机，拖着拉杆箱去上学；2000 年，奢侈品是笔记本电脑；到 2010 年智能手机、笔记本电脑成为常规的配备物品。

这 40 年，给人输入的内容不一样，输出的怎么可能一样？现在的孩子写的作文怎么可能跟 40 年前一样？

当家长看到孩子写的作文时产生"怎么这么写"的好奇反而是正常的；如果认为孩子写出来的和自己小时候的一样，那才是好，这种审美标准反而是错的。

现在的孩子一个学期所获得的信息量，可能是家长小时候整个童年信息量的五倍以上。比如我小时候经常闲得发呆，坐在田埂上，不知道干什么；而现在的孩子接触到的信息资源，接触到的人、事、物丰富得多。当五倍的信息量给了一个人，就会发生质变，就像一个人的收入如果增加了五倍，他的生活与思想瞬间就有巨大的变化。

我们看一看一个六年级的女生写的内容：

我发现了，一男一女在一起，如果尽说些过去的事，那就是刚结婚；如果尽说些将来的事，那就是要结婚；如果尽说些别人的事，那就是结婚多年了。

人一结婚，不出 5 年，男的就不大敢仔细地完整地看自己老婆了，即使看了，也不会仔细看第二遍。然而，我找男朋友，是大大地有标准的。

要富贵如比哥（比尔·盖茨），潇洒如马哥（周润发），浪漫如李哥（莱昂纳多），健壮如伟哥（这个我就不解释了）。

怎么样，是不是感觉很不可思议？我们别以为小孩子什么都不懂。

我曾把这段话，在一个公益的线上培训的时候发出来，提出了一个问题：请各位语文老师给这段文字评分。

相当一部分语文老师义愤填膺地说："这个孩子看起来蛮有才华的，文笔不错，可是你看六年级已经知道健壮如伟哥了，这必须马上拍死。"

我说："如果不拍，会怎么样？"

他说："这样发展下去，到了初中肯定谈恋爱，到了高中，一不留神就给你搞出一个小宝宝！"

我说："这个女孩初中没谈恋爱，高中也没有小宝宝，而且考上了一所不错的大学，那个大学的名字叫清华大学，写这段文字的女孩叫蒋方舟。"

这是她六年级时写的书中的话，书名叫《正在发育》。我经常号召年轻的爸爸妈妈、老师，去看一看这本书，你会发现，当小孩子真的打开自己的心扉时，不管不顾地写出来的东西是什么，他们关心的东西到底是什么，触动他们的东西到底是什么。你会发现，他们和你脑子里想的差别太大了。

名师答疑

崔永元：

我提一个问题：即便老师能够接受孩子这样的文字，但是中考、高考的那个阅卷老师能接受吗？如果孩子这样写作文，会不会耽误他们的前途？

管建刚：

崔老师帮很多人问了一个纠结在心里的问题。我个人对这件事情的看法是：在儿童阶段，先让孩子率性地写，写着写着，他就会有感觉；写着写着，他就对语言产生了热爱；写着写着，他的语言基本功就提高了。

我们让孩子通过写真实的情绪和情感，让他爱上祖国的语言文字。

当他对于写作有了热情，他的语言表达能力就提高了，再面对考试的规则就不会有太大问题。

这就好比当一个孩子有了开车能力之后，让他把左转弯变成右转弯，难道会很难吗？

家长：

孩子写的东西我老是看不懂，我之前一直觉得他表达能力不够，我现在觉得是不是他的思维跟我的不一致。

比如，上一次老师让写一篇想象作文，他写的是他穿越到了清代的一个从英国来的使臣身上，借此来改变历史。我能明白他想写什么，可是我总觉得他表达不出来。

我觉得这篇作文如果交给老师的话肯定得不了 A，只能往 B、C 上走，但我也不知道该怎么帮他。

管建刚：

假设一个孩子的作文得分是 60 分，请问，你希望通过你的指导，最后让这篇作文在老师手里变成几分？你可能会觉得至少要 80 分吧。这个问题我也问过很多老师，有的老师说 70 分，有的说 75 分，有的说 80 分。

我的标准是 60.5 分就可以了，只要孩子进步 0.5 就达到目的了。凡是进步 10 分、20 分，这种繁荣一定叫作虚假繁荣，用一个成语来形容叫揠苗助长。

进步了 20 分是孩子自己的吗？不是的，这 20 分是属于辅导的家长的。

如果孩子写一篇作文，能进步 1 分，写两篇作文进步 2 分，一个学期大大小小要写 15 篇，就是增加了 15 分，一学年孩子写了二三十篇文章，那就变成了 80 分，甚至 85 分了，如果积累两年，就是 90 分以上了。

所以，小孩子的作文有问题，家长不要把所有的问题都揪在自己手里，你只要让他想办法进步 0.5 ~ 1 分就够了。

有两种方式帮助孩子进步 0.5 ~ 1 分。

第一种：家长看出来一个不好的地方，但孩子没有看出来，让孩子改过来就好了。

第二种：家长看不出来不好的地方，但是家长能看出来孩子哪里写得好，那么，家长需要做的就是不断地夸孩子写得好的地方，强化并帮助孩子把好的地方放大，那就是 0.5，让好的地方在孩子心里落地生根。

家长：

作为一个好的老师和家长，我认为需要两个智慧：一是包容和接受，二是引导。

关于蒋方舟的一小段文字，您的第一个智慧让我们看到了包容和接受。但对于第二个智慧，也就是如何引导，我还不能完全理解。所以，我特想知道对于这篇文章，如果您写评语的话会怎样写呢？爱在左，理智在右，我们对未成年儿童，一定会有一些指导，这不是强势性的，但一定有技巧，这是我最想知道的。

管建刚：

关于这个问题，我们分两步来看。

第一步，大人的第一反应不要"我一定要去教育"。孩子一旦有了一个伤口，很多家长就像出了大事情一样，第一反应往往是"哎呀，不得了不得了，你的手破了，快点儿让我来帮你包扎"。但是，如果不包扎，按压一下处理，有的伤口是可以自愈的。

所以，第一反应不是急着治疗，一旦着急，往往会出现过度治疗。

第二步，如果要介入，我通常采用的做法，是让孩子的同伴来介入。

我举个例子，我们办《班级作文周报》的时候，有个孩子非常希望在我们的《班级作文周报》上发表文章，结果他就去抄了一篇。老师也不知道是抄的，就把它发上去了。

后来，有同学来举报说这篇作文是抄的。这种情况下怎么办？

我一定会退到后面。成人世界要退到后面，别总在前面，让事情没有回旋的余地。

我说："我不相信，你去搞搞清楚。"

这个发现问题的孩子，经过一番周折以后所有的材料证明都全了，找我解释这件事情。我就向他约稿，说："你来写写这个事情的来龙去脉。"

我会通过他的伙伴来解决，因为伙伴之间在年龄上是无障碍的。

第一步：看他能不能自愈。第二步：看同伴介入是不是有效。

如果以上两步都没有效果，我才考虑第三步：老师介入。

崔永元：

现在孩子接触的信息比较多，可能看部电影、翻本杂志、看条抖音、刷条微博，就能看到好多成年人用的词汇。

如果要求这些词语坚决不能在作文里出现，有点儿太难了。

这样的词语也太多了，简直可以出一本《不能在作文中出现的词语大全》。

所以，当孩子写的文章、用词造句等不符合你个人的评判标准时，不要着急"矫正"。无论何时，理解孩子的情绪和视角，都是第一步。

每个孩子都有写不完的精彩故事

孩子写作文时，为什么会缺素材

每个儿童都有写不完的故事。

很多大人一看这句话，就想到一个强烈的画面对比，那就是写作文的时候，孩子对大人说："怎么办，我该写什么，有什么好写的？"

这个时候，家长往往会认为孩子脑子里素材匮乏，事实上这是对孩子最大的误解之一。大部分的孩子说没什么可写的，并不是孩子真的无话可说，主要是老师根据教材布置的作文题目，让他觉得没有东西可写。

摆在我们眼前的第一个难题是：教材天生的缺陷。

统编版教材改革还没有全部推开的时候，相当一部分孩子使用的都是前一个版本——可能在 2000 年就已经诞生的教材。

教材不可能每年都全部修订，教材的使用周期是非常漫长的。也就是说

2000年编好的教材，2019年也有相当一部分孩子在使用。

假设一个孩子读五年级，五年级下学期第三单元有一个作文题目，那么，这篇作文是在什么时候就已经给他命好这个作文题的呢？

是在他爸爸妈妈都还没有谈恋爱的时候。

因为读五年级的这个孩子不过12岁，但这个题目18年前已经命好。所以，小孩子感觉没有东西写是很正常的。

你可能会觉得，既然是教材的问题，那就每年编写教材，与时俱进不就好了？

那么这又要面临第二大难题：课本教材编写的时候确实有困难。

教材要兼顾所有的孩子：城市的、农村的；沿海发达地区的、内陆的；汉族的、少数民族的；北方的、南方的……比如，当北方冰雪来临的时候，海南岛的孩子完全无法感同身受。这是教材本身很难逾越的障碍。

所以，孩子觉得教材里的作文题目有难度是正常的，不要把它当作一个很大的困境，只要让孩子写自己有话写的题目就可以了。

虽然教材有缺陷，但是教材的目的是完成课程标准。而语文的课程标准如下："为学生的自主写作提供有利条件和广阔空间，减少对学生写作的束缚，鼓励自由表达……提倡学生自主选题。"

以上用词，有两个"自主"，一个"自由"，也就是说，孩子想写哪个题目就写哪个题目，对哪件事情有感觉就写哪件事情。

作文教学的课程标准非常与时俱进，只是有时在操作上走样了。因为考试很多时候是考一个命题，所有学生都要围绕这个命题来写。这就很难保证孩子自主写作、自主选题。

那么，有没有什么办法可以解决这个问题呢？其实很简单，不管遇到什么样的题目，孩子写出心里的话就行了。

在课程标准中，称低年级的孩子写作文为"写话"，中年级的孩子写作为"写段"，高年级的孩子写作叫"写篇"。

文章的逻辑，应该是从"句"到"段"，再到"篇"。但我觉得"写话"这个词真是用得太好了。为什么叫"写话"？写话就是不管遇到什么题目，像说话那样写下来就够了。

说话是什么样子的？说话是不规范的、不完整的、没有中心的。没有人下班后回家，对家人说："我们来聊聊，根据这一个中心来聊……"回家就是随便聊，说话也不是按照顺序来讲的。

写话像说话那样来写，就是不求通顺、不求规范的，不求完整，不求中心，不求顺序。

那到底求什么？

课程标准写得清清楚楚：低年级主要看孩子的写话兴趣。

评价一个一年级孩子的作文，是评价他的写话兴趣，他的兴趣是 100 分还是 60 分，而不是看他的句子是不是符合规范。

但我们教小孩子时却恰恰相反，我们不关注也不评价他的写话兴趣，我们只看他写的话是否通顺、规范、完整，这叫反其道而行之。

从一开始就对小孩子技术强化，这是很可怕的，技术强化会导致孩子缺少热爱。

孩子的世界里，到处都是有趣的写作素材

让孩子自主写话，有没有写作素材？

我跟朋友开玩笑，说就算有一天，我被警察逮住关一年，我也不会觉得无聊，我还会写一本书，名字叫《我的监狱生活》。

在我想象的世界里，生活并不枯燥，生活总有故事。

故事本身会不断地膨胀、膨胀、膨胀，后来发展成你都无法把控的故事。这个故事本身就有了生命力，也长出了脚，会自己按照逻辑往前走。

路遥写《平凡的世界》时，有一天写着写着号啕大哭，打电话给他的弟弟说："田晓霞死了。"弟弟听他那么伤心，说："哥，你让她活过来不就行了吗？"

路遥泣不成声，说："她死了，她必须死。"

这个结局是控制不了的。

所有的人最开始都想玩一个故事，玩着玩着就不由自主地开始膨胀、生长，最后故事发生了爆炸，变成事故。什么叫事故？无法预料、无法掌控，具有不确定性的，就叫事故。

事故对人生是不幸的，但是对于写作而言，事故比故事要更精彩。比如有的宫斗剧，为什么能吸引观众目不暇接地看？因为它是一个事故接着一个事故地发生。

我有个亲弟弟，村里人管我叫大刚，管他叫小刚。

1998 年的夏天，他因为没按交通规则驾驶摩托车，被抓进拘留所一个星期。一个星期后，我去接他回来，结果他见到我之后说的第一句话让我想破脑袋都想不到。

他说："哥，里面的生活跟电影里的一模一样。"

为什么呢？因为拘留所里也有"江湖规则"，有人情冷暖。他滔滔不绝地跟我讲了很多这几天在里面发生的故事，我听得津津有味。

没想到一个小小的拘留所都有那么多的故事。

我经常和年轻老师分享，如果你让学生写班级生活，学生都不知道写什么，你就要做深刻的检讨，这充分证明班级生活太枯燥。

我还经常讲一个故事：伟大的作家巴金先生，写出了奠定他文学史地位的《家》《春》《秋》。

但是在他年富力强，创造力也非常强的 10 年时间，他没有写过一本书。是因为在那段特殊时期，他心底最真实的观点、情感被禁锢了，他一篇文章都写不出来。

假设我们认定我们的学生生活一定是比拘留所更丰富的，但是写作的时候，学生说的是："老师，写什么？"

老师就要做第二次深刻的检讨和反思：我们是不是有某些行为禁锢了孩子们真实的情感、观点？

我们还可以反思：孩子写作文的时候，家长是不是一直在用自己的情感、观点来左右孩子内心深处最真实的情感、观点？当这种控制成自然的时候，他就不会写了，因为他想说的话都被你"囚禁"了……

每个儿童都有写不完的故事，只要允许他写自己的事情，允许他写自己的情感、观点。

在学校里，很多学习成绩很好的孩子，他们爱学习，很主动，爱提问，他们从来不缺写作的材料；还有一些成绩中等的学生，他们的内心很放松，过着自由自在的自我的童年，也能自由表达；其实，对成绩很差的孩子来说，他们虽然淘气，但依然有动人的童年故事。

我就见过很多真实的童年故事，它们就发生在我们身边。

有个孩子只要星期一，就开始闹肚子疼，其他时间身体都是好好的。因为星期六和星期日他总是不写作业，到了星期一，一想到要面对老师，他就肚子疼。

如果只疼一次，大家都相信是真的肚子疼。三次后，家长和老师都不相信，大人就"将计就计"，去医院一查，果然都是正常的。于是大人告诉他："如果还是肚子疼，就要输液。"没想到这个孩子说："那就输吧。"——他宁可输液还要继续装下去！

实际上，每一个淘气包身上都有大量的故事，甚至是事故，他们会看到很多其他人看不到的地方。

有一次，我上课时在板书，写完一回过头，发现一个孩子腮部肿了起来。当时，很多学校都有学生感染腮腺炎，我一看这个情况就很惊慌，因为处理不好，其他同学也会被感染上。

我赶紧拉着这个孩子去学校医务室，但他就是不肯走。这时，他的同桌站起来对我说："管老师，您别理他，我保证他不是腮腺炎，都怪您写板书写得太快了。"

原来，这个孩子早上来晚了，带着两个馒头冲进教室。他发现老师在教室里，不好意思吃，早读课下课后有 5 分钟休息时间，因为我一直在教室里，他又没吃。

等到第一节课上课，他已经饿得实在受不了了，终于逮着一个机会——在我转过去写板书的时候，他掏出馒头猛地一咬。但这时他忘记了，一个人的嘴巴里充满了馒头的时候，是没有空间进行咀嚼的，这就闹出了"腮腺炎"的故事。

以上是两个有意思的小故事，可是孩子敢不敢把这样的故事写进作文里呢？

你以为的小事，是孩子眼里的大事

我们先让大人来做一道选择题：儿童写作文，应该写有意义的作文，还是写有意思的作文？

在做选择题的时候，很多大人都会选择"有意思"，但大部分的人对什么是"有意思"一知半解。

那么，什么是真正的有意思？

第一，有意思是个人化的。喝酒、逛街、打游戏，对有些人来说有意思，对有些人来说则没意思。

第二，有意思是情绪化的。同一个人，在他心情好的时候觉得什么都是有意思的，心情不好的时候觉得什么都没意思。

第三，有意思应该淡化是非。这也是最为关键的一点。从是非的角度来说，喝酒不是好事，应该杜绝。但从有意思的角度来说，我们要尊重别人的爱好。

那么，什么叫有意义呢？有意义就是公共的、理智的、强化是非的。

有的大人认为孩子应该写有意义的作文，他们看到孩子的作文是公共的、理智的、强化是非的——孩子通常在作文中加这样一个结尾："通过这件事情我明白了一个道理……"

很多孩子觉得自己没有故事可写，即使翻开了自己的童年故事还是发现没有东西写，是因为大人一直在要求他写有意义而不是有意思的故事。

如果从有意思的角度去想，那小孩子可以写的东西太多了。

有个调皮的学生，是我们办公室的"常客"。他来办公室的次数比校长、副校长、教导主任还多。

有一年"双 11"，一位老师买的连衣裙到了。她拆开包裹后，比画了一下，问同事："你看我买的连衣裙又便宜又好看。"这个学生刚好在办公室，张口就说："都不年轻了还穿得这么艳，难看死了。"

这是一件很小的事情，可是这个孩子回到自己的教室后，在老师办公室发生的事情，将会变成"高度机密"。如果这个孩子把这件事情写成作文会很有趣，但是他真的敢写吗？

我们做选择题的时候，希望孩子写"有意思"的作文，但一落到现实，我们就希望孩子写作文要"有意义"。

比如有一本特别受欢迎的书，叫《淘气包马小跳》。马小跳做了那么多调皮胆大的事情，可如果真的有一个马小跳来到了某年级某班，老师让马小跳写作文，马小跳出现的第一反应，大概还是那句话："老师，写什么呢？"

徐静蕾说过一段这样的话："每个人都可以是作家，鸡毛蒜皮的事情就可以是天大的事情、津津乐道的事情——不要跟我说鸡毛蒜皮是小事，这个世界没有小事，所有的事情都是大事。"

我们知道叙利亚战火是大事，但如果就在你了解这件事情的同一刻，你的孩子患了急性阑尾炎疼得要死要活的，很危险。那么，请问在当下，哪一件是你的大事？对你的生活来讲，孩子是你的大事，有的小事看起来小，落在每个个体的头上，恰恰是我们的大事。

我小时候玩的一个游戏叫拍烟壳。我对烟壳到了着迷的程度，最大的爱好就是翻垃圾桶找烟壳。

有一次，我跟着我爸到街上，看到前面有个男人，口袋里放了一包大前门。大前门在当时可是了不得的。他从烟壳里拿出来一支香烟点着了，我看到里面没有烟了，就等着他扔掉烟壳，但是他拿在手里就是不扔，一边抽一边走。我就一直跟着他。

多年之后，我才明白他为什么始终不扔，因为那个时候，抽大前门是一种地位的象征，如果把烟壳扔掉了，谁知道他抽的是大前门？

后来，终于等到烟抽完，他扔掉了烟壳，我一个箭步冲上去把烟壳拿起来。整理好烟壳后，我回头一看，发现我爸不知道哪儿去了。

我为了盯这个烟壳把我爸给弄丢了。因为在那个时候，我的大事就是烟壳。

但是我们会认为"这算什么大事"，更可怕的是我们还会认为，我们大人脑子中的大事才是大事，我们的童年才是童年，而孩子的童年没什么了不起的事。

比如有一个学校，认为现在的孩子童年太单调了，没有玩的东西，于是买来了铁环，还在操场旁的水泥地上画出一个个格子，让他们去跳格子。但结果是没有孩子去玩，这是一个非常失败的游戏设计。

为什么孩子们不去玩？因为现在的儿童，不是我们那个时代的儿童。大人不能用自己时代的生活来衡量现在孩子的生活。

所以小孩子写作文，你一定要让他写现在所经历的故事，不要用你脑子里的东西要求现在的孩子。孩子之所以觉得没话可讲，一个重要的原因就在于他总是在琢磨大人要的是什么，大人喜欢看的是什么，大人觉得有意义的是什么。

和我在一起办公的，有两位老师——李老师和王老师。

有一天下班，我在办公室批作业的时候，两个女老师在聊天。李老师说："王老师，昨天我儿子问了我一件很好玩的事情。"

王老师问什么事情，李老师说："昨天我儿子问我：'老妈，你更喜欢我，还是更喜欢老爸？'"

李老师说："我当然更喜欢你老爸了。"

儿子就很不开心，问："妈，你为什么更喜欢我老爸？"

李老师冰雪聪明，说："很简单，因为我是你爸的老婆，老婆当然更喜欢老公了。"

"哼！"孩子就到一边生气去了。

5 分钟后，儿子突然走到李老师面前说："妈妈，那你赶快帮我娶个老婆来。"

王老师听了以后，也讲到了自己的女儿。她的女儿比较黏人，我们提醒她应该培养一下女儿的独立精神，方法就是让女儿自己睡一个房间。

刚开始，孩子照做了，可后来天天晚上到爸妈房间里不想走。父母总要敦促女儿回房，女儿才会嘟噜着小嘴不开心地回房。

一次、两次……十次，这种场景总是上演。终于有一天，王老师说："要睡觉就回到自己房间睡觉，爸爸妈妈又不能陪你一辈子。"

女儿终于爆发了，说："妈妈，你们大人都是骗人的！"

王老师想自己并没有骗孩子，她不理解这句话，但女儿不依不饶地说："你们大人就是骗人，你一天到晚要我一个人睡觉，培养我的独立精神，可是妈妈你看你，从来不培养自己的独立精神，天天晚上都和爸爸一起睡觉。"

我就从我的办公室走出来，对两位老师说："你们有没有让你们的孩子把你们刚才说的写成作文？"

听到我说要写成作文，两个女人的反应让我肠子都悔青了。

李老师愣愣地盯着我；王老师本来是背对着我，听完后，也慢慢转过来，用不可思议的眼神直直地盯着我。

这些故事，听起来很有意思，但我们在内心深处，却觉得这是不能写成作文的，是"不合规矩"的。这就是今天的儿童总在问"该写什么"的原因。

崔永元说：

管老师说了两层意思：一个是怎么适应孩子，一个是怎么改变自己。

我觉得最重要的是怎么改变自己，如果我们自己不改变，可能适应孩子就无从谈起。这对我们是头脑激荡，是风暴。

尤其是对成年人来说，改变自己难度更大。大人总在想办法去改变孩子，让孩子符合自己的期望。如果这招不行，再试另一招，总想找一招能让孩子改变。但我们很少去反思，该如何改变自己，去适应孩子，去让孩子愿意表达，去认可孩子想说的话。

这个是对我启发最大的一点。管老师的观点能让我回家跟我女儿关系更近一点儿，我也会尝试去适应她。

名师答疑

家长：

我想问一个小问题：孩子写作文可以尽情表达自己的所思所想，哪怕写"屎尿屁"也没关系，我们也认为这是很有意思的一个尝试。但在日常生活中，家长要教育孩子讲礼貌、讲文明。这两点有没有冲突？如何解决？

管建刚：

我们分情形来看：

第一，孩子是不是一天到晚这样。

如果孩子写作文时用到了非常激烈的词，比如"你滚"，那么我们要先区分具体情况：他是经常性使用，还是偶尔使用。

第二，孩子日常是什么状态。

如果孩子平时"出口成脏"，而在作文中写"哇，天上的星星多么美丽；哇，地上的小草多么碧绿"，这样也许更可怕。

第三，写作中，用来表达自己强烈情绪的话，听起来是脏话，但可能也是一种表达手法。

塞林格的作品《麦田里的守望者》，有个章节有 257 个"他妈的"，还有几十个"混账""该死""下流"这样的词。以至于这本书刚在美国出版的时候被列为禁书，有的大学教授因为在课堂上讲了这本书而被炒鱿鱼。但是，这本书最终被全世界接受，翻译成十多种语言，共出版发行了 6000 万册。

我仔细地琢磨了在《麦田里的守望者》里出现的每一个"他妈的""混账""该死"，都是恰当的，也就是说作者用的这些词是他表达所需要的，而不是骂人。

孩子作文中出现这样的情况，我们需要具体分析之后去客观看待，而不是一看到这样的词就一巴掌拍下来。

崔永元：

我们不要小看孩子，也许当我们真给了孩子用"脏话"的权力，他用了三回之后，也就再也不想用了。他知道有更合适的语言、更美的语言来表达。

管建刚：

崔老师让我想到了流行语的使用，在我的班级，学生们使用了一段时间的流行语之后，就会说："老师，现在大家都在用流行语，我就不想用了。"他会有一种自我调节功能，他也不想盲从。

家长：

现在的孩子所接收的生活的信息量的确是大，但孩子写作文时的第一反应还是去写"我在公交车上让座""我回家帮妈妈洗衣服""我学滑冰"。

作为老师判卷，一看到就会想，孩子们一年级学滑冰，二年级学滑冰，到四年级了还在学滑冰。

如何让孩子去发现他周围的有意思的事情，引导他写到作文当中来，唤醒他的创造力和表达力呢？

管建刚：

在我原来教的学生里面，学的最多的是自行车，骑了一遍又一遍，大概就是骑自行车摔倒了，爸爸妈妈过来说坚持就是胜利，最后就胜利了。

很多孩子总写这个，不敢写其他的，是他从小受到的教育，潜移默化地认为作文有能写的和不能写的。

我带学生写作文，第一件事情是让学生记录生活。

我是他们生活中的一个新的男老师，就可以让学生每天记录"管老师的缺点"，比如"管老师，你的普通话好普通""管老师，你批错了一个作业，你不认真"。其实老师有几十本作业要批，偶尔批错一个很正常。有的学生找出来以后，就写成一篇作文《管老师的缺点》。

我们还有一份《班级作文周报》，第一期就讲管老师出现的问题。

大家发现，连老师的问题都可以被写成作文，就让学生受到了很大的冲击，对写作的认知也发生了翻天覆地的变化。

我通常用这个办法鼓励孩子把生活写进作文，不管孩子写什么事，都会给他们正向反馈。效果很不错，先不说他们写得怎么样，但至少是敢写不一样的东西了。

崔永元：

我看过很多电影导演在现场指导拍摄的场景。如果每个场景五条都拍不下来，天光快没有了，就意味着要收工了，几十万甚至几百万就算是打水漂了。有的导演就很着急，会示范表演。其实绝大部分电影导演在表演上并不专业，并不一定能表演得很理想。

张艺谋导演跟别人就不一样。他会过去夸奖演员哪个部分演得特别好，再提出，"咱们还可以换一种更好的方式来诠释"。

他也不说具体方式，而是让演员自己去琢磨。有时候，拍完了一条他说完美，然后再鼓励演员换个方式表达另一种完美。演员在片场的时候，永远是受鼓励的。

很多演员在他的片场受了他的指导，也增加了自信心。好多女演员和一些导演合作后就悄无声息了，而他的女演员，则被观众认可，称为"谋女郎"。

管建刚：

教作文很简单的一招就是要夸孩子，因为写作文非常辛苦。比如让小孩子写一篇作文或是看一本书，大部分孩子都会觉得"我宁可看一本书"。

写作文辛苦，怎么让他愿意写呢？我们大人愿意干辛苦的活，都是要获得对等的收入，要有获得感。孩子也是一样的。小孩子写作文最大的获得感，就是父母和老师的表扬。

我曾经指导一些老师如何鼓励孩子写作文，其中一招就是让学生写了作文之后，老师把所有写得好的地方画出来。画出来之后，拍张照片，放进PPT里进行展示。

上课的时候，老师会跟大家说："某某同学有句话写得太好了，我现在要把它背出来。"

当老师愿意把孩子写的话背出来时，就能培养出自信的"谋女郎"。

家长：

好多孩子都比较喜欢看短视频，这对孩子写作文到底有没有好处呢？

《深度工作》里有一个观点：如果我们所有无聊的时间都用来浏览智能手机上的内容，大脑就会被重新编排，形成心智残疾。

那么，关于短视频，我们是让孩子去看，还是完全禁止呢？我们担心禁止之后，会让他和同学的交流没有话题。家长到底该怎么办？

管建刚：

几乎每个男孩子都打篮球，但是不是每个男孩都非常喜欢打篮球？不一定。

男孩子是通过一起打篮球，打造一个共同的生活圈。玩游戏也是如此，一个人就那么喜欢打游戏吗？未必。有的孩子担心不打游戏就和别人没有共同的话题。

所有事情的处理，实际上都在于一个度的问题。归根结底，我们要培养孩子的自控力。

所有的新鲜事物，电子游戏也好，短视频也好，他肯定是要接触的，如果不接触，那肯定会跟这个时代脱节。我们担心的是他接触以后会沉沦进去，可能会妨碍他的正常学习。

所以家长要考虑的核心不是这件事情允许不允许，而是要培养孩子的自控力，而自控力一定是经过训练的。

崔永元：

现在的孩子并不喜欢大人直接讲大道理。家长在劝说孩子的时候，可以聪明地绕个弯儿。

我一个网络游戏都不会打，就玩过一种单机游戏：《俄罗斯方块》。

我们办公室的孩子随便在网上玩游戏，因为我不知道那是游戏，我以为他们在工作。

直到有一天我过去问他们干什么，才知道那是游戏，也才知道现在的网络游戏都已经跟电影一样逼真了。

也不用刻意地把刷短视频和影响学习关联起来，硬生生地跟孩子讲道理。我觉得在这件事情上还存在一个交流方式的问题。

复旦大学历史系的钱文忠教授很有意思，只要网上新出来个游戏，他分分钟就能玩到第一。他会先把游戏规则看一遍，再花几千块钱买武器。总之，很厉害。

有人就说，因为你有钱买装备才能赢。钱文忠教授做了回应，大意是，他的钱并不是自己印的，是做学问做出来的。

钱教授每天早上六点钟之前必须到办公室，每天要抄《说文解字》，每天要写日记，已经坚持几十年了。

他绕了个弯，跟大家讲他的钱是用学问创造出来的，也是很有意思的一个回应。游戏打得好，跟学问高扯上关系了。

家长：

我们的愿望是给孩子足够大的空间让他去热爱、去表达有意思的事情，并且把这种能力用到应试作文中，取得好的成绩。

但在孩子能力还没有达到这个程度的时候，这种崇尚自由的写法可能很难运用到实际考试中，会导致考试考不好，最终受到失败的打击，甚至对自己的能力产生怀疑。我们如何去平衡好自由表达和考试之间的关系，保护好孩子？

管建刚：

孩子写作文，如果是真的在发展，一定是在实际的写作过程中慢慢实现的，绝对不存在一朝一夕就变得有水平了。没有任何一个作家在接受采访的时候会说，我之所以成为作家，是因为我读小学、读中学的时候，老师教了我某个写作技巧。

所以，最重要的是激发孩子的热情，而这跟提高考试成绩并不矛盾。

我用这样的方式教作文，也许家长会担心孩子考不好。但我可以非常骄傲地说，我们班的学生在作文方面一直考得非常好。有一年，我带五年级，正好全区进行作文调研，全区作文的优秀率是29%，而我们班作文的优秀率是78%。

崔永元：名师作文课（基础篇）

我让小孩子写自己的作文，写自己想写的事情，表达自己的想法，他的写作热情会被点燃。一个人的热情被点燃之后，他言语表达的潜能就会被激活。

孩子一说真话就会激活语言潜能，写作就会更生动——儿童是天生的诗人。

崔永元：

我在想，大人是不是没必要跟孩子强化应试教育的概念？家长要学的是，怎样在不经意间就让孩子明白一些事情，而不是被动地接受概念。

我的作文是怎么好起来的呢，没有接触什么概念，也是很自然的一件事情促成的。我印象非常深。

老师第一次表扬我，并且是在课堂上当着全班同学只表扬了我一个人。老师说我有一句写得特别好："枪声一响，运动员像离弦的箭一样。"

这句话我当时是抄的，但老师这么一说，我就认为这句话是我发明的，在我之前肯定没有人用过这个比喻。

表扬之后，第二次写作文，我就觉得特别舒服了，这是一个享受的过程。等到写第三篇、第四篇作文的时候，老师拿着一大缸子茶水给我，让我先喝热水，多舒服、多亲切！

老师告诉我，明天作文课的作文是什么题目，让我先回去写一篇，他当范文用。

我回家后饭都不想吃了，直接开始写范文。第二天，老师拿来直接就念。

之后，再给我题目让我回家写范文的时候，我不光不吃饭，我还要写两篇，写不同风格的。从一年级开始不断地写范文，三年级、四年级开始看鲁迅的书，给他挑错，当时我还觉得我俩水平差不多。一个孩子的自信心就是这么建立起来的!

我离开中央电视台之前做的最后一件事就是采访了 30 多位作家。那么，每位作家的写作感受和写作习惯能不能给大家共同享用呢？我的答案是不能。

每个人都是不一样的。

毕飞宇的写作习惯是需要房间干干净净的，布置也很简洁：一张桌子、一台电脑、一杯水。大概等 10 分钟，仿佛有个声音对他说，开始吧，他就慢慢地跟从着内心的声音把文字写出来。

所以，我们最好别给孩子输入概念。我收集了很多民国时期关于写话的书，有本书上说"写话，原称作文"，它没有用"作文"这个说法——写话就是写人话。

追求"有意义"还是"有意思"

崔永元说：

管建刚老师的作文理论，总结一个感受是惊悚。这种惊悚，来自观点的颠覆。

孩子写文章，是该追求"有意义"还是"有意思"

在"有意义"和"有意思"的选择上，理性上我们认为孩子应该写有意思的作文，但现实中我们会看到小孩子写的都是有意义的。

以下是一篇"有意思"的作文：

妈妈和爸爸悠闲地躺在床上看电视。

"阿嚏——"突然，爸爸打了一个大大的喷嚏。一旁的妈妈吓得够呛："干吗，你发神经呀？打这么大的喷嚏，邻居都要来敲门了。"

"哎呀，搞得我好像是故意的，我又控制不了。"爸爸哑巴吃黄连——有苦说不出。

"以后打个招呼，我好躲远一点儿。"妈妈一边埋怨，一边嫌弃地擦着满脸的口水，"别总一声不响的。"

爸爸无可奈何地答应了。

达成了协议，两人又津津有味地看起了电视。过了一会儿，爸爸一把捂住鼻子，火急火燎地发出警报："来了！"

这回妈妈机灵了，以迅雷不及掩耳之势钻进被窝。可爸爸发出的不是惊天动地的"阿嚏"声，而是九曲十八弯的"卟……"——竟然是一个连环屁。妈妈急忙从被窝里逃出来，大口大口地呼吸新鲜的空气，大声责骂道："你要死啊，放屁也不和我说一声！"

"我不是提前知会你了吗？"爸爸也很委屈，"我还捂住了鼻子，你这都看不懂啊？"

"那你直接说你要放屁不就得了，真是让人讨厌！"妈妈还在"吧啦吧啦"地批评老爸，老爸做出一个要打喷嚏的姿势，吓得老妈抱头鼠窜，逃出房间去了……

这篇文字有什么意义，讲了一个什么道理，都看不出来，但是这篇文字，看着看着，会让人不由自主地会心一笑。

有意义的作文是什么样的

如下面这篇作文中，隐藏了一句话，这句话绝对不是这个孩子写的，一定是大人加进去的：

如果你认为最热的地方是非洲，那你就错了！告诉你吧，最热的地方是我们的教室。

教室里的电扇整天开到最大，扇出来的却还是热风。小朋友们个个汗流滴答，头发粘成一簇一簇的，好像一挤就能挤出水来。衣服被汗浸透贴在身上，裹着非常难受，行动很不方便。有的小朋友衬衫粘在身上，皮肤的颜色都能透过衬衫看得见。我的手整天汗津津的，握着的笔会滑出手心，写字速度也慢了很多。汗使我们身上都是黑黑的"老泥"，手弯处、脚弯处长满了红点，痒得我们不停地抓，皮肤都抓破了。汗珠在我的脸上赛跑，比谁先跑到我的下巴，再从下巴滑到脖子上，溜进领口里，像一群小流氓。吸进去的空气很热，呼出来的气更热，那么多热气把教室变成了一个大蒸笼，我们就是蒸笼里的一个个小笼包。不对，妈妈说我个子那么大，我应该是个大肉包。以前我被蚊子咬时，妈妈说："不要怕，你那么大个人难道还战胜不了小小的蚊子？"现在蚊子都已经被热死了，我却还活着，我果然能战胜蚊子！

在这样炎热的天气里，我最享受的就是帮老师去办公室里搬本子。我在同学们羡慕嫉妒恨的目光里走进充满冷气的办公室，一走进办公室，我先用鼻子努力地吸冷气，好想把冷气都吸进我的肚子里。我慢慢地假装找不到本子，其实我一眼就找到本子了。然后我磨磨蹭蹭地搬起本子，恋恋不舍地走出办公室。其实这样的冷气，老师也只能享受一会会儿，因为老师经常是在教室里给我们上课、改作业的。

你找到大人加进去的话了吗？

这句话就是："其实这样的冷气，老师也只能享受一会会儿，因为老师经常是在教室里给我们上课、改作业的。"

那么，有必要这样加吗？

第一，学生教室里没装空调是学校的安排，没必要加这句话。

第二，如果老师真的不在有空调的办公室改，专门跑到没有空调的教室里汗流浃背地改，作业能改好吗？

从这一件事情里，可以发现：老师有道德洁癖。觉得作文里这样写，好像让老师显得不高尚了，老师应该同甘共苦，学生在教室里流汗，老师却在充满冷气的空调间，感觉情感上受不了。

所以，老师不放过任何一个抹除"道德瑕疵"的机会，一定要写老师只能在有冷气的环境里享受一小会儿。

尤其是语文老师，很容易有这样的道德洁癖。语文老师常常兼任班主任，当了班主任后，就容易把德育和作文捆绑在一起。

两者绑在一起并非相得益彰，反而可能两败俱伤。

当好的作文不符合你的"道德标准"

我们再来看一篇"惊悚"的作文。四个学生联合起来给一个叫"小沈阳"的同学写了一篇文章，让他不要说脏话。

"小沈阳"看了写他的作文之后，一点儿也不害怕，以一敌四，写了一篇《以牙还牙不是罪》，一一回击这四个学生。

一个四年级上学期的孩子，让自己的心里话喷涌而出。

张承脉、毛以恒、卢婕和任金金，你们这四个臭人，敢写我！

张承脉，你说我是囧人，我看你就是那一个囧人。别以为你缺胳膊少腿的，我就怕你，瞧你那熊样，左一颗青春痘，右一条鱼尾纹，屁股上还有一颗痔疮！跟个没牙老太太似的，就像光头强他老婆。还有你，毛以恒，我就把荧光粉打破，怎么了？有意见啊？我告诉你，毛以恒，你要再敢写我，我就把荧光粉扔你嘴里，而不是打破这件小事情了。等着瞧吧，红屁股毛猴，我沈阳可不是好惹的！

卢婕，你给我记住了：多管闲事多吃屁，少管闲事少拉稀！写我，你笑得很灿烂啊？我不听你话，你是谁啊？呸！你只是一个小小的、临时的美术课的小组长，你看看人家汝昀彦，有你这样管人的？现在要换组长了，我就像监狱里的犯人重获自由了。我永远也不要你这样的组长，宁愿是周俞当，我也不希望是你，哼！

任金金，你写关于我的作文不知有多少。我冤枉你了？章睿哲他们都说，是你打开我的盒子。现在，我只看到一条绿色的小鱼，没有鲨鱼，它自己长脚跑掉的？我不说你说谁啊，真是奇了怪了。我就看你不顺眼，我就和你是冤家，怎么着？

四大臭鸡蛋们，你们顶不过我这个"沈诸葛"吧！

这篇作文让很多语文老师感到惊悚。

我们总会把儿童写的东西等同于大人自己想的。其实，大人用成人的视角去看儿童写的东西，在学校里，两个男生打架这不是一件很稀奇的事情。

男孩子打架是很平常的事情，每个班级里都有男生在打架，但是你有没有惊奇地发现，上午第一个课间还在打架的两个男生，下午又变成好朋友了。有可能第二节课就是好朋友了，这就是儿童。

成人世界，如果两个男人打一架，别说是真打，就是在网上"干一架"，这辈子两个人都不可能成为朋友了。

有一种说法我非常认同：儿童是活在当下的，只是大人有时候总放不下。

有老师问我："管老师，'小沈阳'的这篇作文，你也能容忍？"

我说："我不是容忍，我是觉得写得非常好。"因为"小沈阳"就是这样一个不寻常的孩子，他如果写那种诗情画意的文字，我才会觉得很害怕。当然，我们老师也会经常提醒和教育他别说脏话。

我认为写这样文字的学生很少，一个班级也就一两个，但是在写作文上，对这一两个人的肯定则意义重大。

被称为"童画界的毕加索"的莫里斯·桑达克说：快乐的孩子生活在无忧的国度，阳光永远灿烂，这是纯粹的欺骗。

童年是人生最没有安全感的一个阶段，让我们想想看，儿童没有经济权、决策权、行动权，一切都是我们大人决定的，孩子只是服从。小孩子总是希望自己快点儿长大。

我们大人要换职业、换岗位，所有的跳槽背后都是他不想待在原地，因为不满所以要跳。儿童想跳过儿童阶段，也是如此。

有个家长朋友跟我抱怨："管老师，小孩子写作文写了几句话就没话讲了，只有今天我去哪里玩了，明天要去哪里玩。"

小孩子最有话说的是什么？有一次，写动物小说的沈石溪先生到我们学校，我跟沈石溪先生聊天，我说："我的核心研究方向是儿童作文教学，您认为儿童写作文，写什么最有话说？"

沈老师想了想，回答我两个字："委屈。"孩子写他的委屈、不满、愤怒、生气，最有话讲。

大人在朋友圈里发表感谢的话都有"套路"，某一个话题触动了你，你就发现不知不觉写了很多。小孩子在写作文时也一样，写跟他的生命相契合的那部分，并没有大人想象中的那样阳光灿烂。

儿童之所以快乐，不是因为他生命中没有烦恼，而是因为这些烦恼来得快、去得快，这就是我们成人渐渐没有了的本领。

有一句话叫"小孩脸，六月天"，就是说哭就哭了，说笑就笑了。对"小沈阳"的作文也是如此，这篇文章写了就是写了。

"小沈阳"的作文有非凡的意义，因为它向全班同学传达了一个信号：连这样的作文，老师也是允许的。这个冲击比我前面讲过的写"管老师缺点"更大，孩子们瞬间会觉得写作文很安全，讲真话很安全，心里有什么事尽管说出来。

与之相比，有些孩子的作文，是"有意义的作文"。很多孩子之所以不会写作文，是因为要去追求某个"高尚"的东西，又追求不出来。

我们班上曾经有一个孩子，他生活的地方周边都是湖，湖里的鱼是旁边的村子养的。

2000年年初的时候，周围的人都是靠山吃山、靠水吃水。家里没菜了，去捞一网鱼来吃，所有的村民都是这样。

这个孩子有一次去偷鱼，偷了很多，又没有冰箱。爸爸说："你去给舅舅家送，再给姑妈家送，还可以给阿姨家送。"

孩子拎着鱼到了舅舅家，舅舅很高兴，说："我正要喝酒，你就来了。"

接着孩子又去姑妈家和阿姨家送鱼。那一天，所有收到鱼的人都表扬他，说他捕鱼本领真高。

孩子写这篇作文，破天荒写了 300 多个字。

一般的老师看到这篇作文，马上就说："这孩子是不是脑子有问题，偷鱼本来就不对，还要写进作文里来。"

我对孩子说："作文就是写身上发生的事，你身上还有什么类似的事情可以拿出来写？"

孩子说："管老师，他们说我是笨蛋，都不跟我玩。双休日我都不知道怎么过，没事情干啊。"

我说："那你怎么过的？"

孩子说："我实在闲得发慌，就跟狗玩。村里有很多狗，我就拿着打狗棒，看到狗来了，我就打狗……现在狗都不跟我玩了。现在狗看到我，只有两种状况：一种是掉头就跑，一种是看见我就直接蹲下。"

我说："这样，你去写篇作文，题目就叫《狗司令》。"

他真写了篇《狗司令》。后来我发现这篇作文一发到我们的《班级作文周报》上，阅读量高得不得了，大家都特别爱读。

有个孩子来问我："还能写这样的文章吗？"

我问他："你爱看吗？"

他说："爱看。"

我再问："你敢写吗？"

他说："我不敢。"

衡量一篇好作文最根本的标准：儿童作文首先应该是儿童爱读、儿童爱看的。如果儿童作文，儿童都不爱看，儿童都不爱读，怎么能是好的儿童作文？

这个孩子就这么写着写着，大家都爱看他写的文章了。慢慢地，有人跟他玩了，他也很开心了，也不用打狗了。

他毕业的时候给我留了这么一句话——我很幸运，遇到了一位伟大的语文老师。

我从他身上突然发现：在道德教育之外的东西，恰恰是最好的道德教育。

孩子的道德要靠我们成人去影响，当你很真诚地对待每一个儿童的时候，儿童就会变得很真诚。当你包容地对待儿童的时候，儿童就会很包容地对待一切。

当大人觉得这也不许、那也不许，长大的儿童就是这也不行、那也不行。所以有一句话不无道理：儿童是复印件，家长是原件。

当我们看到孩子身上有了问题，第一反应就是"你给我擦掉，你给我重写"。但是原件的错误还在，即使孩子擦掉了重写，也还是会重复原件的错误。

学校里开会，校长讲话，孩子们在下面交头接耳不认真听，老师管一管之后，又故态复萌。这个难题其实并不难，如果老师听的时候在聊天、刷微信，孩子们当然也不认真听。简单的处理方式就是把学校的 100 个老师分成 10 组，10 人一组，分布在学生的队伍里。老师站得直直的，学生们的问题就解决了。

学生唱国歌的时候，小孩子的声音高高低低，有时候唱不齐，最好的方法也不是老师去说教，而是老师去做。100 个老师唱的歌声盖过了现场 1500

个学生，只要唱一个学期，"原件"改变了，"复印件"的问题就会自动消失。

大人一直以来都在讲"文以载道"，这当然没有错，但这四个字是对成人提的要求，不是对儿童的要求。大人的错，就是把儿童当作了缩小版的成人，导致把成人的要求放到了儿童身上。

法国思想家卢梭有一部教育学著作《爱弥儿》，其中有几句话我和大家分享一下：

大自然希望儿童在成人以前就要像儿童的样子。如果我们打乱了这个次序，就会造成一些早熟的果实，他们长得既不丰满也不甜美，而且很快就会腐烂：我们将造成年纪轻轻的博士和老态龙钟的儿童。

儿童是有他们特有的看法和感情的，如果我们想用我们的看法、想法和感情去替代他们的看法、想法和感情，那简直是最愚蠢的事情。

问题不在于教他各种学问，而在于培养他对学问的兴趣，而且这种兴趣充分成长起来的时候，教他研究学问的方法。

不要教他这样那样的学问，而要由他自己去发现那些学问。

童年是理智的睡眠期。

儿童写作文其实很简单，就是把自己的心里话说出来，那就足够了，不需要承载太大的功能。

如下是冰心作文奖一等奖的作文：《妈妈回来了》。

前段时间，妈妈去杭州学习，去了好长时间，可能有一个月吧。今天，妈妈终于从杭州回来了，我非常高兴！因为妈妈的怀抱很暖和；因为妈妈回来了，爸爸的生日就能过得更好；因为妈妈在家里会给我读书……妈妈不在家的时候，我很想她，想妈妈的感觉，是一种想哭的感觉。

这是一个三年级的女孩子写妈妈，107个字，写得很好。

还有一篇作文：《妈妈整容了》。

我的妈妈以前很美丽，现在变老了，但是她有办法，她现在打了玻尿酸还抽脂，看起来真的苗条了很多。但是我觉得她有点儿像一个假人了，我不知道为什么她要对自己下这么狠的手。

我的妈妈整容只是单纯地为了好看，为了想要花钱，因为爸爸喜欢漂亮的女人，妈妈必须在他面前维持这份美丽。我的老妈妈实在不容易，每天往美容院跑，虽然变美丽了，但却不是真实的自己，她变了。

每天早晨她都不厌其烦地问我："妈妈好看吗？"我都不知道该怎么回答了，我不想骗她。

我想让大家思考一个问题：这篇作文写的也是妈妈，这篇作文可以得奖吗？

崔永元说：

多年前，我看《南方周末》报道过日本成田机场的钉子户。

这些钉子户导致成田机场非常繁忙，因为建不起第二条跑道，飞机只能在一条跑道上起飞。

钉子户里就剩了一些老人在这里守着。这些老人在当地的报纸上发广告，意思是谁帮我守护家产，我就把家产赠送给他。

我去日本的时候，会看到在城市特别繁华的地方，有破旧的小屋子，还有家族的小陵园，都在那里不动。我走到那里的时候，心情很激动，没有感觉城市不雅致，或者规划不好。我反而感到的是浓浓的人情味，觉得一个家族里，再老的长辈都还可以留在后辈的生活里。

我们现在的城市太规整了，对孩子的要求也太规整了，都想把孩子塑造成一样的人。

管老师介绍的孩子，都是不重样的，每个孩子都是独特的，他居然能用一种统一的教学方法，让每一个独特的孩子都适应。

名师答疑

家长：

有一个孩子，写自己中彩票买豪车，娶了班花，在拐角处遇见沦为乞丐的小学语文老师。如果是您面对这篇文章，会如何处理？即使我在情绪上能够接受，但如果他每次都这样写，怎么办？

管建刚：

这篇作文我看到过，是被判零分了。如果是我，肯定不会这么给分，我会一笑了之。这么写，只不过是一个孩子在某一刻的情绪下，发泄了对语文老师的不满而已，发泄完了，一切就过去了。

孩子有意见、有情绪就应该发出来，如果非要让他把情绪收回去或者控制住，这种要发泄的情绪在他的心里就会翻倍，不满就会堆积得越来越多。

大人如果能从情感上接受孩子要表达的情绪，孩子就会感受到写作的快乐，会觉得写作原来是很有趣的。可以真实地倾听自己内心的情绪，他的写作能力也会在这种状态下进入正轨，他再也不会惧怕写作文。

写作的第一个能力就叫不怕，一个小孩子如果心理上有畏惧感，再怎么写都不会非常厉害；第二个能力叫热爱，如果热爱了，什么困难都不会是大困难。

到考试的时候，我自己的带班经验不是通过一个学期去衡量它，而是带班三年。四年级自由写，五年级自由写，到六年级毕业考试前的那学期，告诉学生，你们已经通过自由写，练好了功夫，现在用功夫把考试打败就行了。

家长：

《以牙还牙不是罪》呈现出来的是很精彩的、很儿童化的一篇作文，管老师进行修改了吗？如果没有修改，孩子自己是怎么做到的？毕竟当孩子根本写不出来的时候，就轮不到大人能不能接受孩子的作文了。

管建刚：

《以牙还牙不是罪》，老师基本没有修改。

有一句话叫"儿童是天生的诗人"，诗人在什么情况下能够写作？他需要一个重要的元素：自由。即心灵的自由和心灵的安全。人在心灵自由和心灵安全的情况下，那种诗性的语言，那种创意，就会流出来。一个人在心灵不自由、不安全的状态下，是无法生长出诗一样的语言的。

大人经常教孩子去模仿，我们的最新研究发现，哪怕是让低年龄段的孩子去模仿，孩子也会觉得很累，但是如果你让小孩子自由舒展地写，他就会觉得很轻松。

我们原本以为孩子越是年龄小，越需要模仿，但事实并不该如此。很多学生从来没有写过作文，只是写了一篇又一篇的名叫"作文"的作业；很多孩子没有创意，被教了太多的"套路"，他不再会用感情、用心灵来舒展地写作。

事实上，从来没有作文教学，只有作文教育。如果认为是作文教学，只教技术，孩子也无法在写作上获得真正的提高。

崔永元说：

孩子的潜力，常常超出我们的想象。

成年人普遍的问题是轻视孩子。

有一个学校我很喜欢，所以经常去。那个学校的孩子都是无比自由和放松的状态，甚至有点儿自由散漫的感觉。比如有一次，我看到一个孩子和老师说话的时候不是规规矩矩地站着，而是躺在那里和老师进行辩论。我一看，居然敢这样？！

我看了下孩子们在看的书，和考试一点儿关系都没有。

我都开始替家长着急了，将来总要应试，到时候怎么办？这时，老师给我讲了一件事，他说："小崔，我把小学一年级到三年级的语文课本给你收集齐，给你一晚上时间，你能不能学会？"

我说："那肯定没问题。"

他说："但是当时你用了 3 年，你现在 50 多岁，一晚上就可以学会了。孩子们也有这个本领，他可能一年级到五年级都不行，到六年级却开窍了，前 5 年的东西很快就学会了。"

他说："我们相信孩子，就让孩子平时随便玩。快高考了，找一个契机，老师就会宣布，'未来城市'让你见了吧，'世界上最好的无人驾驶汽车'你也'设计'了，现在要迎接高考了，这就是另一种游戏，叫记忆游戏。高考有标准答案，谁背得清楚谁就能考最好的学校，你把它背下来就行了。"

这个学校的孩子把高考当成一个游戏，很快就背下来很多知识，很多学生一批一批地考上北大、清华。

我们还是需要去相信孩子，别总觉得孩子"无法做到"。

相信自己，更要相信孩子。

我们小时候受的教育是谦虚使人进步，无论自己做得多好，都不能夸自己，要等别人夸。我自己做得很好的时候，别人夸我，我还得继续说"不行不行，我还得继续努力啊"。

养成这个习惯之后，我在 55 岁左右想明白了一件事：自己不夸自己，等着别人夸，别人忘了夸，最后的结果就是，好多人都根本不认识你了。

现在很多场合，我开始自己夸自己，比如提到主持，我说我主持得很好；说到作文，我说我一年级的时候就开始被老师要求写范文。

说到做爸爸，我也表扬一下我自己，我是一个好爸爸。

有一次我有了点儿收入，女儿当时很小，我就赶紧拿着地球仪给她看，我说："女儿，你看看地球仪，你想去哪里，你就指出来，爸爸带你去。"

其实我心里很忐忑，一颗心怦怦直跳，我手头的钱不一定够，万一是南极、北极怎么办？女儿就对着地球仪看来看去。

最后，她烦了，问了我一句："爸爸，为什么这上面没有秦皇岛？"

我一听，哈哈大笑，说："没事，爸爸知道秦皇岛在哪儿，我带你去。"

我的心得就是：相信孩子，花不了多少钱，也不一定会绕多远。

最后我想再解释一点，管老师说的让孩子自由表达，不要用道德绑架孩子的表达欲望，我觉得主要是心态层面的，他没说技巧。但大家千万不要看了管老师的观点，走到另一个极端，觉得孩子只要愿意做的都是对的，不管孩子做什么都随他去，那就错了。

有意义和有意思，我们过去可能把这两者分得特别清楚。而管老师的这个方式，其实是让有意思和有意义成为一体。没有任何事情是完全无意义的；有意义，没意思，也不叫有意义。

怕的是，孩子每次拿起笔，脑子里先分清楚"要有意义，要有意思"，那样能写好作文才怪。

拒绝套路：真实的心声，永远强过伪装的天真

崔永元说：

看管老师的题目，真是越来越惊悚，越来越害怕。但是我们皱着眉头跟管老师学习后，就会眉开眼笑，管老师能解开一个又一个疙瘩。

讲到伪装，说的是在作文里面的一些假话、空话、套话，也就是"套路"。

有的家长还在自觉或不自觉地教孩子说套话，比如写到外貌，提笔就是"炯炯有神的大眼睛""樱桃小嘴""高高的鼻梁"。

有位老师在作文课上见到了最恐怖的事：让孩子写《我的妈妈》，班上50个孩子写的妈妈，有48个妈妈长得一样：大眼睛、高高的鼻子、樱桃小

嘴……为什么都是这样？当然是大人教的了。

孩子的伪装是大人教出来的

套话是怎么出现的？有的孩子写作文，写到《一件难忘的事情》，他开头就写："童年像天上的繁星，天上的星星一闪一闪的，今天我就摘一颗星星来一起分享。"

一听这段话，你会觉得很美，可是你再想想，这一个开头，能用在去旅游的时候，能用在去比赛的时候，能用在考试得了第一名的时候……

举个例子："有一次我读一本书，叫《崔永元作文学堂》，我读得很开心，就像天上的星星，现在我就摘一颗星星下来和大家分享吧。"总结起来就是，这个开头能在各种各样的场合去使用，这就是套话。

我们在讲作文该怎么写的时候，反复强调不说假话、空话、套话，其实这同样是语文课程标准。孩子天生是不会说这些套话的，他的伪装都是成人给予的；没有一篇课文和小说是那样开头的，那都是大人有意给他套上去的。作文对有的孩子来说，就是两个字：瞎编。写"假作文""套话作文"的一个原因是，孩子一直被要求写有意义的作文，写"正确"的作文。

这个现象的出现，有一个很深刻的背景。

第一，一篇作文的好坏，评价者不仅仅是老师，还有家长和社会。比如说前文的两篇小学生写的作文，《妈妈回来了》和《妈妈整容了》。《妈妈整容了》写得也很好，但这篇作文不容易得奖。

第二，我们的语文课程标准要求学生说真话、实话、心里话，不说假话、空话、套话。崔老师曾跟我说，他觉得中国的语文课程标准是全世界最好的，我为这句话感到欢欣鼓舞。但是我一度担心的是，这些话都在半空当中，难以落实。

我这两年经常听到一句话，就是"撸起袖子加油干"。我觉得这句话非常好，接地气，共鸣感很强，连我年迈的母亲都记住了。这也许意味着，我们的社会也越来越不喜欢空话、虚话了，大家都趋向于接受实话、有真情实感的话。

学生作文的发展和变化也许没有这么快。1998年，有个省的高考作文题目叫作"战胜脆弱"。据当时的统计，大概有30万篇学生的作文里面出现了亲人离世的内容。比如，亲人离开，"我"照样坚强地走进考场。当年，30万亲人的离世，引起了巨大的关注。

2016年，上海举行了"我家的传家宝"征文，结果在2万篇的作文中，有上千件"补了又补的衣服"。更神奇的是，那件补了又补的旧衣服，全都是外婆的。

两个数字，两个年份，从1998年到2016年，学生的作文套路如出一辙。学生说真话、实话、心里话是多么艰难。

有这样一篇范文——《充满正能量的开学第一天》：

一转眼，快乐的暑假已经过去，两个月的假期已经离我们远去。我们又迎来了一个新的学期。今天是开学的第一天，我们的心情别提有多高兴了！

早晨，清脆的闹铃声打断了我美丽的梦，可它又送给我一个明媚的早晨。装着我满心的欢喜与愉悦，我按时来到了学校。刚走进学校，校园里的小花们仿佛正在向我们招手，小草妹妹犹如为我们开学第一天的到来，高兴得欢快地跳着舞。一丝微风吹过我的额头，开学第一天的早晨，好清爽。

同学们像一群活泼可爱的小鸟，兴高采烈地飞进那美丽、熟悉、温馨的校园，飞进那宽敞明亮的教室里，都纷纷找自己的好朋友聊天、谈话。毕竟是新的学期，肯定有很多话想要说。走到班里，新同学正在向我打招呼，我也不由自主地向他们问好。

开学的第一天，一个崭新的一天；开学的第一天，一个有意义的一天；开学的第一天，一个惊讶与快乐的一天；开学的第一天，完美的结束，新的开始！

大家如果是评分老师，会给这篇作文打多少分？

我问过崔永元老师，他跟我说："我不会打分。如果这是我的学生，我一定把这位同学叫来，当面问他：'孩子，出什么事了？'"

但事实上，这篇作文令语文老师非常开心，打了100分，这还不足以表达老师的兴奋，它还被当作范文，在全班朗读、传阅。老师觉得，那么多同学一开学就愁眉苦脸的，而这位同学就不一样了，浑身充满了正能量，绝对是值得好好宣传的。

当同学听这篇作文的时候，都在喊"假的、假的"。

老师就问同学们："那你们说，开学第一天是什么样的？"

有的说："暑假的时候，天天自然醒，现在每天早晨六点钟要起床，我哪受得了？"

有的同学说："我做了个手工，以为老师会表扬，结果老师摆摆手说：'你放在这里就行了。'我很沮丧。"

还有的同学说，开学第一天，发现自己喜欢的数学老师到其他学校去交流了。

开学在每个同学心中都不一样。而这位老师一看到这篇作文，第一反应是"文章写得真好"。如果这篇文章是一篇考试作文，它一定能拿到高分。在这个导向下，伪装的纯真胜过了真实的心声。

当我们清醒地成为一个旁观者的时候，觉得事情好简单，分辨是非的标准好清晰。但如果这篇文章的作者是你的孩子，是你的学生，那事情就会变得很微妙。

善的反义词是恶，但善的对立面不是恶，而是伪善。金庸先生在《天龙八部》里写了四大恶人。如果我在金庸的武侠世界里，我是愿意与"四大恶人"交朋友的，我也愿意跟《笑傲江湖》里的任我行做朋友，但唯独不愿意和岳不群交朋友，因为他伪善。

我非常喜欢这句话：

"写作的标准，只需问真不真，不必问善不善，以真无有不善故。"——1941 年第 6 期《国文月刊》，罗庸《思无邪》

"只需问真不真，不必问善不善。"对儿童来讲，真就是善，真就是美。

所以，"买彩票中大奖"的文章怎么可以给零分呢？这只是真而已。"要富贵如比哥（比尔·盖茨），潇洒如马哥（周润发），浪漫如李哥（莱昂纳多）……"也是真而已。

允许孩子"胡言乱语"，而不是写"正确的废话"

被称为"童话界的毕加索"的莫里斯·桑达克说："我并没有比别人画得更好，或者写作更优美，如果我做过什么，那就是让孩子表达他们真实的自己。他们无礼、暴力，但也可爱。"

只爱彬彬有礼的儿童，谁都容易做到，如果爱孩子无礼的一面，爱他有暴力的一面，这才是真正的爱。

以下是一篇在 2018 年 10 月 4 日发在网上的一篇儿童日记，我觉得真的是无礼、暴力，但也真实地袒露了孩子当下的心声。

我现在真的觉得我妈是个没有用处的人，她这段时间以来，天天拿着个手机不是刷抖音就是打麻将。她从来不好好做饭，洗个衣服都要抱怨半天，一天天的只知道在脸上抹上几米厚的化妆品，跟个鬼似的。她都不知道上班，每天在家里睡觉、吃饭、化妆、玩手机。

我觉得手机比她的命都重要，她从来不管我，只有我成绩发下来才说我几句。她天天说别人家的孩子有多好，却不说别人家的妈妈有多好，有一次居然对我说，让我长大了，给她在汉中买套几百万的房子，一天给她多少钱，说这是什么报答她的养育之恩。

养育？她居然好意思说养育！她除了把我生下来什么也没做，我的任何东西，都是我爸爸给的。我每天看爸爸夜以继日地工作，她不分昼夜地玩手机，心里就会涌上不知来处的怒火，我恨不得把她和她的手机扔出我家的大门，她在我家一点儿用处都没有。

她，真是个无用的中年妇女。

这篇文章，很难令人涌出"可爱"的感受，所以桑达克被称为"童话界的毕加索"是有道理的。如果他看到这篇作文，他会认为无礼、暴力，但也可爱，他认为儿童的可爱在于一个字：真。

对于孩子的作文，我们应该了解三个评判的前提：

第一，真话不等于好话。

儿童作文中的真话，有时候也许很难听。

第二，真话不等于真理。

孩子说的真话，当然不可能是全世界通行的真理。孩子终归是孩子，他只是把他自己想到的、思考到的，如实地写下来。一味苛求孩子的正确，就只能得到"正确的废话"。

第三，真话不等于真相。

真情实感不等于真实情况，儿童不一定是真的了解真相的。比如，小孩子看到大人吵架，他很少去调查前因后果，他只是把自己看到的一部分写了下来。大人没有权利要求一个小孩子写作文时要像大侦探一样，把事情的来龙去脉全弄清楚。

可很多时候，我们会对孩子提过高的要求，认为既然事情没搞清楚，那就是胡说八道，是瞎写。

我想提醒大人的是，奇思妙想的前一步就是胡思乱想。如果你从不允许孩子胡思乱想，就得不到他的奇思妙想。如果你希望孩子真言真语，那么就要允许他胡言乱语。如果他总是战战兢兢，生怕自己说错话，那他最后说的都是"正确的废话"。

对儿童的作文里面的偏激、偏见，都应该给予掌声，因为孩子已经开始踏上奇思妙想、真言真语之路。

怎样才能让孩子敢于说真话

季羡林先生有句非常有名的话——"假话全不说，真话不全说"，这是季老近百年的人生感悟，当然不能拿来去要求八九岁或者十几岁的孩子。同时，这是成年人的世界里不得已的圆通和圆滑，如果你认为适用于孩子，那么，就是把孩子当作了缩小版的成人。

再来说说语文课程标准："要求学生说真话、实话、心里话，不说假话、空话、套话。"这里有个词是"要求"，但事实上，真话是不能被硬要求的。比如，领导找员工谈话，说："小张，来给我说说真话。"小张也未必敢说真话。

真话是在什么情况下产生的呢？

当一个人感觉自己很安全，感觉对方能够理解和接纳自己时，就会说真话。所以，想让儿童说真话，关键在于大人要理解儿童、尊重儿童、宽容儿童。

什么叫理解，什么叫宽容，有如下一篇作文：

我的爸爸是一名外科医生，每天回家都是无精打采的样子，妈妈很不高兴。

爸爸很爱睡懒觉，我不喜欢这样，我希望爸爸不要睡懒觉，不要经常去加班，我希望他和我们在一起的时候要开心，还要有精神，要多陪陪我们。

爸爸好像并不明白我们的心思，还是每天早出晚归，一个电话又被叫走了，休息天就想着一直睡懒觉，连狗都讨厌他。我要怎样才能让他明白，他是我的爸爸，而不是那些病人的爸爸？

曾经有专家批评这篇作文，怎么可以写自己的爸爸连狗都讨厌他，我想，其实他一定不理解儿童。

我看到这句话，马上就想到，他们家一定养了一条狗，爸爸经常不在家，在家也就是睡觉。这条狗一定很少跟爸爸玩，每天遛狗、喂狗都是孩子和妈妈的工作，因此这条狗跟妈妈和孩子很亲，但是对爸爸就没什么感觉，所以，他写了"连狗都讨厌他"。

在很多家庭，小狗就如同家庭的一分子，这是一句非常朴素的真实的话语，毫无贬低爸爸的意思。如果有人在引用这篇文章的时候把这句话单独拎出来，大肆批判作者，这就是不理解儿童了。

作家梁晓声先生说：就算有个别小学生在作文中"暴露"了某种令大人吃惊、担忧的"思想"，老师们也不必惴惴不安。若他们的心灵明明被污染了，嘴上却惯说某些虚伪大人那种"进步"得不得了的话，并且写到作文里，那才可怕。

有个孩子写了一篇关于我的文章：

管老师善文不善武，喜欢在幕后捣鬼。第四期《周报》我写了《致管大的八行书》，第五期宁裕程写了《读〈致管大的八行书〉有感》，有写沈琛也就是我的坏话——虽然这篇作文写得并不好。为什么含金量那么低的作文也能得到管老师的青睐？真相只有一个，我与宁裕程是好基友，关系甚为不错，管老师深明这一点。

小宁全文都在变相讽我，我一看肯定会大为光火，就会再写一篇《读〈读《致管大的八行书》有感〉有感》来谴责小宁。而宁裕程读了肯定也不甘示弱，再写一篇，然后……不说了，反正就是恶性循环。众多吃瓜小朋友看我们斗来斗去，就"深有感触"，比如写《沈宁之争》一类的作文，教导我们不要怎么怎么的。简单来说，我和小宁的作文只是管老师下的一个引子，一篇烂作文收来一大片佳作，不是赚大了吗？

再说个可怜人徐晨皓。某天他字迹不工整，便向管老师负荆请罪。管老师听了道歉，心生一计，第二天表扬了徐晨皓，之后他的字写得越来越好了。

可悲的徐晨皓中计了，还心甘情愿的。你想，如果管老师不表扬，那几天后徐晨皓又会我行我素。管老师一表扬，徐同学为了不让自己的形象碎一地，只得将态度摆正。而徐晨皓字一好，态度一正，就会迎来不知多少人的效仿。唉，徐晨皓你何必啊，你又让管老师赚了一拨！

奸雄乃管建刚也！

我在他心中的形象是个奸雄。我觉得自己没必要去跟他们解释和争辩："我是在想尽办法调动学生学习的积极性，你怎么可以写我是奸雄呢？"

孩子笔下的调侃，是表示对你的喜爱和亲近。如果关系不好，他敢这么写吗？

孩子真实的作文，一定会给我们带来非常大的惊喜。

语文老师最怕批改学生的作文，一次来 50 多篇作文简直要改得累死。还有的语文老师把批改学生的作文当成人生最大的痛苦。

可我工作室的老师都把批改学生的作文当作享受，他们看到有意思的情节还会拍下来上传到老师群里，给大家分享，因为孩子们的作文各长各的样子，因为孩子们在说真话，尽管这些真话不是那么漂亮，但它展示的是一个真实、敞开的心灵世界。

当老师批作文的时候，认为是在触摸一个又一个真实的心灵，就会觉得那是一段非常美妙的旅途。蒙台梭利《童年的秘密》里提出一个观点：儿童是成人之父。有时候，作为大人，我们还能从孩子身上学到很多呢，只是很多人选择性地忽略了孩子的闪光点而已。

崔永元说：

管老师真是了不起的"奸雄"。了解完他的教学理念，我感觉孩子怎么做都对，不对的是老师和家长。

大人总是在想怎么通过"术"，通过各种技巧和本领来帮助孩子。而现在看来，我们每个人首先要做的，是把自己回炉，先把自己的世界观理正了，才能去面对孩子。

想要有教育孩子、陪伴孩子写作文的能力，每个人都得从"奸雄"开始做起。

名师答疑

家长：

孩子写作文时，憋半天也写不出来的时候，我恨不得一句一句去提示孩子，我说一句，孩子写一句。听课之后我发现应该放手让孩子天马行空地写他想写的东西。

但是，怎样把握放手的度，才能避免矫枉过正呢？

管建刚：

把握度是一种能力，能力一定是在实践中练成的。面对一篇又一篇的作文，一段又一段真实的话语，才能把握得住。其实，只要多看看孩子的作文，多陪伴孩子写作文，对于这个度就会慢慢心里有数，所以大胆地把脚探出去吧。

崔永元：

我们可以回忆自己的儿童时代、少年时代，做过多少脱离了度的、野马奔江式的、没齿难忘的、不要命的事。咱们每个人回忆自己一生中闯的弥天大祸，可能没有几件。既然如此，我们凭什么以为我们的孩子 365 天，每天都会闯一个大祸，永远掌握不了度呢？

我女儿现在已经长大成人了，很多人经常问我"你女儿有什么缺点"，我说"没有"。因为很多我曾经觉得必须干涉的事情，她自己其实已经想明白了。

小时候，有件事情令我印象深刻：我把家里灯泡打破了。那个时候的灯泡是很珍贵的，父母还会每天小心翼翼地擦拭。我妈大概只有 20 分钟就要下班了，我不知道该怎么办，紧张得身上发软。正好，我们院有一个小孩来找我，我就跟他提了一个要求：能不能帮我"顶包"。他不同意，我就掏出了两个玻璃球"贿赂"他。那可是我最喜欢的两个玻璃球，中间有彩虹的那种。

他说那没问题。

但是他没受过训练，我妈一眼就看出来他是顶包的，怒气冲冲地打我。还没打完，那个小伙伴的妈妈也带着孩子来了，说："你们家崔永元逼着我们家孩子撒谎，这是怎么回事？"我妈就当着他们的面，接着打我。

我觉得我撒谎了，确实应该被打。但既然我已经被打了，玻璃球应该还给我，第二天我就去他们家要。到现在 30 年过去了，我还没要回来，真是赔了弹球又折兵。

那时候我就知道，还是讲真话好，哪怕这种真话，大人不爱听。

家长：

在社会上生存，有时候难免需要讲一点儿假话，我们如何引导孩子看待这个问题？

崔永元：

我在 1996 年，做了一个节目叫《实话实说》。所有人都在里面说实话，我听到最多的一个问题是："你敢保证这里面说的每一句，都是实话吗？"

我觉得那可能需要讨论实话的定义和边界。

如果有一个人跟你观点完全相反，他说出来的话很刺耳，你也不能说那是假话。

每个人对实话的鉴定标准是不一样的，对假话的鉴定标准也是不一样的。但理解撒谎就非常简单了，就是一个人的描述跟事实真相不一样。

我们帮孩子鉴别真话和假话，这个标准确实比较难。但我们可以告诉他们说话的原则，告诉他们为什么不说假话。即使遇到迫不得已的情况，我们想教孩子说假话，那也一定要跟他解释为什么说假话，有没有必要说假话。

一个人时时刻刻说真话的情况确实很少，当年做《实话实说》的时候，我们提交 20 个选题，可能只有 4 个可以审批下来。

我的同事非常沮丧，我就提出了三种方式：

只说真话，不说假话。

如果做不到，就把能说的真话说好。

如果第二点也做不到，那就第三，把假话说得像真话。

当然，我们后来始终也没有尝试过第三点，我们还是尽量做到了"实话实说"。

家长：

我的孩子写文章内容单一，总写类似"好人好事"，老师也总是评价他思想健康。

他现在每次写作文起码要准备两个小时才写得出来，有时候他先从手机上搜索。一开始我以为他是要抄袭，后来发现并没有，他就是先看看别人怎么写，再自己写。

不知道这样行不行。

崔永元：

要想把正能量写成好看的、大家接受的内容，是需要技术的，我们写正能量的文章没有错，错的是写不好看的文章。

所有人都需要正能量，正能量也可以很好看，比如《阿甘正传》《泰坦尼克号》《拯救大兵瑞恩》。

全世界每个民族都需要正能量的内容，但正能量不是假、大、空。

管建刚：

孩子一写作文，就去翻看别人写的东西，这里面最大的问题是他丢掉了自我，那就更别谈如何说真话了。事实上，写作一丢掉自我，就是方向性的错误，他只会"按照模板来写作"。

作文不应该按照某个模板去写，套路作文并不是万能药膏。有的机构让孩子背作文，长远来说，一定是不好的。

家长：

我的孩子上初中，我听了管老师的建议，对他干涉少了很多。上课之后我不再苛求分数，哪怕一次进步一点儿都行。

但现在的情况是，他刚上初一，如果不按照老师的套路，作文成绩就可能下降。

我请教一下，在初中阶段，能不能继续用管老师的方法坚持下去？如果孩子现在上小学，我肯定毫不犹豫地这样做，一是本来要求就不能太高，二是他还有时间去慢慢地调整方向。

但在初中阶段，家长应该如何教孩子呢？

管建刚：

您之前的方式很好，就是对孩子做到了尽可能地少干涉。

对此，我们在教育行业有个专业术语，叫作"控制教的欲望"，就是不要总觉得孩子这里也不对，那里也不对。

为什么要控制教的欲望呢？因为大人往往会教给孩子很多他们根本就掌握不了的内容。

有一次，我们在很多学校做了个调研：由每个班的语文老师在班级内挑选五个写作文最优秀的学生，我们针对这些学生出了一道题目："你认为老师课堂上教的，能掌握吗？"

结果表明，40%的同学都认为根本就没法掌握。这还是写作文最优秀的同学，如果放到整个班级去衡量，那可能是90%的同学都没办法掌握老师教的内容。

老师和家长都是一样的，总想多教孩子一点儿，结果可能适得其反。

有的时候"少即是多"，教得很少，但孩子真的掌握了，有获得感了，才会有成就感。

一个人做事有成就感，他才会持续不断地做，小步走、不停步、持续走——这也是在学习任何东西时都能成功的秘诀。

所以，不管是小学还是初中，写作文的方式本质上并没有太大不同。优秀的作文，肯定不是按照"套路"教出来的。

崔永元：

我的女儿小时候让我带她旅游，后来她在地球仪面前选择了秦皇岛。

现在，女儿长大了，想到要回报父亲了。她把我领到了地球仪前，说："爸爸，从今天开始，该我照顾你了，我想让你去旅游，你在这个地球仪上选个地方吧。"

我觉得孩子挣钱不容易，也想选秦皇岛，但是我在那儿几乎一个人都不认识，所以一直在犹豫。

女儿说："爸爸，你不要考虑钱的问题。你年龄大了，可能没有那么多周游世界的机会了，你就选你最想去的地方。"

我后来想了想，爱女儿这么多年，她回报我一次也是应该的。

我就说："那我去南极吧。"

女儿说："你定了吗？"

我说："定了。"

她说："太好了，你去南极，那我去北极。"

我们人生都有两次当孩子的机会——我们能体会孩子，才能爱孩子。

新新儿童的语言就这个样

崔永元说：

管建刚老师讲的内容，对我们来说，是全新的知识，也给我带来了颠覆性的认知。对于孩子的写作，管老师在鼓励什么，他是怎么想到的？

作文最终是通过语言的形式呈现出来的，语言在某种程度上就应该遵从作者的个性，它和人是一体的，每个人说话的口吻肯定是不一样的。

很遗憾的是，很多孩子都在学"好词好句"。如下：

母爱，似一缕金色的阳光，在我遇到困难时鼓励着我；母爱，又似一股清澈的洞泉，在我的心中一直流淌着。

母爱是温暖的阳光，给我们温暖与明亮；母爱是树，为我们遮风挡雨，夏天，给我们阴凉；母爱是……

母爱是一缕阳光，让你的心灵即使在寒冷的冬天也能感觉温暖如春。父爱是一眼清泉，让你的情感即使蒙上岁月的风尘依然纯洁明净。在我的生活中，父爱是暖洋洋的，母爱是火辣辣的。

父爱是一缕阳光，让你的心灵即使在寒冷的冬天也能感到温暖如春；父爱是一泓清泉，让你的情感即使蒙上岁月的风尘依然纯洁明净。

生活里，有了父亲，才有了我广阔的天地；有了父亲，我的生活才有了灿烂；有了父亲，我在人生的道路上才走得更稳、更矫健。

父爱是一片大海，让你的灵魂即使遇到电闪雷鸣依然仁厚宽容；父爱是一道光辉，让你的心灵即使濒临黑暗也能看见光明大道；父爱是一阵微风，让你的思想即使沾上肮脏的污垢也能焕然一新。

有的家长看到孩子写这样的语言，会觉得孩子有才华，特意表扬。实际上，这样的语言是完全没有个性的，像流水线上生产的一幅画，看起来漂亮，却不具有艺术性，缺乏真正的美感。

只有个性的表达才是具有价值的，如果让今天的孩子舒展自己，他的语言就是长下面这个样子的。这些都是我班上的学生写的文字：

1. 他就用他的"狮吼功"到马婷巍耳边尖叫："让开！让开！让——开——！"

我从来没教他破折号可以这样用，但他居然用了破折号、破折号、感叹号。

2. 别执迷不悟了，你以为张老师没看见，她只是不想说你罢了。我看你脑袋瓜里装的都是水和面粉吧，摇一摇就是糨糊了。整天就知道玩电脑，除了游戏还是游戏。

这是一个女生批评一个打游戏的男生的话。

3. 每当我对女生们说"君子动口不动手"时，她们就说那句老掉牙的话："我们不是君子，我们是女子！"

小孩子的语言的张力，远远超出成人的想象。

4. 有了上次的事，我和王彦博的关系，一如学校食堂里的汤——淡了。

刚开始我想，两个人的关系怎么能和食堂里的汤比呢？看了后面两个字，我才恍然大悟。

5. 老师走了过来，把我的后脚向后一拉，再往我背上一坐，只听"咔"一声，我压下去了，关节处很疼很疼，我终于体会到了难产的滋味。

这个女生去跳舞，拉一字的时候，老师狠狠地帮她完成了。她用了"难产"来形容这种疼，我觉得很诧异，找到这个四年级的女孩，问她："你又没有难产过，你没道理这样写'疼'的感觉。"

这个女生回答我："管老师，是这样的，我妈妈一天到晚和我说：'我是难产生你的，你将来要好好孝顺我。'所以我想大概世界上最痛苦的事就是难产了吧。"

6. 身为早读管理员，最害怕的就是那些硬骨头分子。光脚的不怕穿鞋的，我们自然斗不过他们。头号危险分子，江湖上浪迹天涯的大侠——任驰宇，可谓一生追求自由、随心所欲，渴望在天空下像乌鸦一样飞翔。

在他心目中，管理员等同于浮云。

7. 找人讲话，直接大摇大摆，螃蟹过街。提醒他一下吧，要么冷漠地来一句"别烦"，要么霸气侧漏地说"关你 × 事"。

很丢脸欸，这种感觉如同他把你脸皮撕下来，丢进榨汁机里榨完后给蟑螂当水喝。

上面最后两条是我们班的早读管理员写的，我当时问她："我一直听说飞翔的是老鹰，你怎么会说是乌鸦呢？"她居然跟我说："管老师，让他飞已经不错了。"

"关你 × 事"这里我也问过她，为什么不把 × 代表的字写出来。她说："姑娘家家的，这个字就免了。"然后她又补了一句："管老师，我用了这个 ×，所有的人看到这个字都会在脑子里想三次。"

每个时代的人都会张扬每个时代的个性，他们脑子里语言的表述风格、思考问题的思维方式、组织语言的思维方式，跟我们小时候完全不一样。

　　　　　　　　　　　　　　　崔永元：名师作文课（基础篇）

六七十年代代表性的语言：

人有多大胆，地有多大产

80 年代代表性的语言：

中日友好　十一届三中全会

万元户　第二职业

90 年代代表性的语言：

下岗女工　再就业

不管白猫还是黑猫，捉到老鼠就是好猫

2000 年以后的语言：

山寨　给力

羡慕嫉妒恨

神马都是浮云

帅呆了　酷毙了

雷到了　坑爹了

不要迷恋哥，哥只是个传说

人间不值得

大学就是"大概学学"

躺着也能中枪

那人长得吧，怎么说呢，就是像素比较低

我太难了

有一些老师反对小孩子在作文里用流行语言。其实语言有两类：一类是书上学的，另一类来自生活。

很多年前，我不懂老舍先生说的"向生活学语言，向劳动人民学语言"是什么意思，我心想，"我和爸爸妈妈学什么语言"。现在我懂了：当一个人把生活的语言和书上的语言结合起来时，语言才是活的。

我鼓励学生使用生活中的语言，使用流行语言。小孩子对流行语言太喜欢了，掌握得也很快。如下：

1. 这段时间怎么了，那么流行"去哪儿""爸爸去哪儿""时间都去哪儿了""飞机去哪儿"，现在，我的水杯去哪儿了呢？

2. "2"或者不"2"，"2"就在那里，不三也不四。

3. 骂人不带脏字，徐小糖心平气和地骂人时，一个字一个字说，句句话能把人气到吐血。这个习惯很不巧是从我这儿传承来的，最近比较新的骂人口头禅是：

"喂，你是肾上腺激素分泌过多吗？"

"哎，你是不是一天不找我碴儿，你就过不了冬？"

"你看看你这脸瘦得跟个猪样，扔到黑洞，黑洞都能自我爆炸……"

本次骂人特点分析到此结束，详情请登录 www. 骂人不带脏字 .com。

学生写骂人的语言也是有着时代感的，当他用"www. 骂人不带脏字 .com"结尾的时候，前面所有写作的疲劳都在充满时代气息的结尾当中笑眯眯地瓦解掉了。

语言是具有时代性的。我们总抱怨孩子写的内容没有生活气息，而生活气息对小孩子来讲就是紧跟这个时代的潮流，这主要就反映在他的语言中。正如智能手机出来之后，我们就不会再用老人机了，因为我们要证明自己在时代潮流的前沿。孩子也是如此，体现在写作上，就是使用新潮的语言。

　　孩子对流行语言非常敏感！只要一出现流行语，他立即就能和自己"链接"上。

　　我班的一个女生很喜欢王俊凯，有意思的是，她的同桌叫吴俊凯。她天天看着吴俊凯，心里想的是王俊凯，于是写了篇作文。在作文里她是这么说的：

　　世界上最遥远的距离不是生与死，而是俊凯就在我身旁，他却不姓王。

　　吴俊凯躺着中枪后，也应和了一篇，其中有一句话：

　　我恨的不是生也不是死，而是为什么我偏偏要叫"俊凯"，却不姓王。

　　我还发现流行语可以拉近大人和孩子之间的距离。比如有流行语叫"我也是醉了""吓死宝宝了"，老师和学生说话的时候如果用到了这些语言，彼此间的距离和代沟就瞬间消失了，相处也变得轻松起来。

　　这就是孩子的语言特色，每一个时代都有。我们经常会认为流行语言不地道，会被淘汰。其实不管是否会被淘汰，能用在当下就够了。就像时尚界一样，每年都有新的流行趋势，我们不能因为某件衣服的款式将来要被淘汰，现在就不穿了。更何况，流行语也可能会变成书面语，比如耳熟能详的"宅男""达人""给力""雷人"等类似的3000多条网络新词，就已经被收录在2012年第六版的《现代汉语词典》中了。

孩子的语言充满娱乐性

语言也是有娱乐性的。

在快节奏的当下，娱乐节目在人们的生活中越来越重要，比如《快乐大本营》《奔跑吧兄弟》等综艺节目就很受欢迎。

孩子看多了娱乐节目，语言也会发生变化，会充满娱乐的因子。

比如在我们的"崔永元作文学堂"上，之前的学员都是小朋友，可有一天忽然换家长听课。崔永元老师来了之后就开了个玩笑："怎么小孩子一夜之间都长大了？"在场的朋友们都笑了。这就是语言的娱乐性，它能让人感到愉悦、轻松。

现在的孩子从小观看各种娱乐节目，他们的语言就具有娱乐性。比如：

1. 中午，王老师把我们叫出来，免费送我们各1000字的检讨……
孩子内心深处有娱乐因子，虽然他写检讨的时候是痛苦的。

2. 老师就下了一道圣旨："奉天承运老师诏曰：不许再看《查理九世》！违者抄10遍！钦此。"

如果没有娱乐精神，就会这样写——老师就下了一道命令："以后不允许再看《查理九世》！违者抄10遍！"远不如原来的生动有趣。

3.唉，女生们，我承认自己的确长得帅，但也不至于把我拉进女厕所呀！说你们什么好呢？想要签名，那在教室里有序地排着队，一个一个让我签，嘻嘻！

一个男生让一群女生拉进女厕所，这原本是一件丢脸的事，但是他写得很有娱乐性。

我的学生写我也很有娱乐性，他们还给我起了个外号叫"管大"——刚开始是叫"管老大"，我觉得不好听，像黑帮一样，就改成了"管大"。

来欣赏一篇文章：

刚开学的时候，"管大"的着装总是一个样子：一件鸡心领T恤、一条水洗牛仔裤和一件万分寒酸的外套。

温度逐渐下降，"管大"的着装终于有了一点点变化——他换下了自己视若命根子的鸡心领T恤，脱掉了寒酸且款式停留在20世纪70年代的外套。气候的变化迫使他褪去了上半身的壳，却依然无法让他放弃他珍爱的水洗牛仔裤。"管大"每天起床，第一件事只有一个——穿上水洗牛仔裤！一到学校，也不忘摸摸腿上：幸好我的牛仔裤还在。一回到家，等会儿再去洗澡，一洗完澡，我的宝贝牛仔裤就只能明天才能再穿上了。

"管大"，你知道你有多喜欢你的水洗牛仔裤吗？

"管大"答：我也不知。比"管大"更自恋的人？对不起，百度搜不到。

比"管大"更爱耍帅的人？对不起，系统出错。比"管大"更喜欢穿牛仔裤的人？对不起，电脑死机。

管老师，你帮我们总结了辣么多病，现在我也来帮你总结一个——"牛仔裤病"！

我爱穿牛仔裤，学生马上就看出来了，而且"辣么多"才能把那种感觉表达出来。娱乐本身就是价值，娱乐本身就是经济，娱乐写作可以打破写作文正襟危坐、死气沉沉的样子。

孩子的作文，有时候也会比较"重口味"。大人不要紧张孩子怎么变成这样了，这只是"重口味"而已，就像孩子说"你去死吧"，并不是真的让谁去死，而只是要说"你现在不要理我，让我安静一下"。

当下，孩子写作文有四类：

第一类：大家都很喜欢、符合主流价值观的，我称为正才；第二类：奇思妙想、极具天赋的，我称为鬼才；第三类：语言有趣、天马行空，但不符合主流价值观的，我称为怪才；第四类：插科打诨、胡言乱语、重口味的，我称为痞才。

这四类作文中，正才作文经常拿90分、100分；鬼才十有八九也会拿到好的分数；怪才十有八九拿不到好分数；痞才十有八九是一直拿不到好的分数，但它也是才。

如果孩子写出了下面这样的文字，要怎么给分？

1. 上天怎么给我分了个如此同桌？小绿豆眼，带着坏坏的笑，怎么看都不是个好东西……

2. 那张脸，再短一点儿，叫"鹅蛋脸"；下巴再尖一点儿，叫"瓜子脸"；再长一点儿，叫"马脸"；他呢，"三不像"。

有四个有趣的字叫"同桌冤家"。这都不是恶意地诽谤同桌，这就是重口味的表达而已。重口味很容易被大人误会成"这个孩子不懂事""你怎么这样写别人"，其实我们没必要大惊小怪。

以下是一篇重口味的文章：

放屁

"噗——"一个又长又响的臭屁破空而出，还拐了个弯儿！是谁放的？爸爸首先说："儿子放的！"我连忙说："妈妈放的！"妈妈赶紧说："不是我。"我和妈妈互相看了一眼，都指着爸爸："你放的！"爸爸没办法，只好无可奈何地承认了。

爸爸曾经告诉我一个放屁的经验：当你有一点儿想放屁时，你就憋着，让它酝酿、酝酿，再酝酿！然后放松，吸气，放屁，真是惊天动地，爽啊！爸爸坐在沙发上看电视的时候，放屁总喜欢先把屁股抬起来，难道还怕把沙发打个洞？一天我提出了这个疑问，爸爸虚心接受了我的建议，后来他看电视时放屁就不抬屁股了。

放学回家，我书包一扔，往沙发上一躺，觉得有点儿怪怪的，不是觉得有点儿怪怪的，而是本来就有点儿怪怪的。"臭啊！"原来昨夜爸爸放屁都放到沙发的垫子里去了，我一躺就把垫子里的臭屁挤出来了！

"噗——"一个响屁又出世了！真是"此屁只得人间有，天上哪得几回闻"啊！

放屁居然被孩子写成这么好玩的一篇作文。我们定义这叫"重口味"，这是成年人的概念，小孩子心中只有一个词，叫"好玩"。而在这个时代，好玩本身就是价值。

新新儿童的语言和我们传统脑子里的语言很不一样，但是在大人的影响下，很多孩子的作文千篇一律。

孩子写作文，居然跟 10 年、20 年前一个样，那是因为大人没有承认他们是新新儿童。

第一，我们没有承认他们是儿童，只是把他们当成了缩小版的大人。

第二，我们没有承认他们是新新儿童，我们还以为他们跟我们小时候是一样的。

什么时候，我们能尊重孩子的个性，理解他们所处时代的风格，允许他们表达各种好玩的场景，我们的孩子就能写好作文了。

崔永元说：

我也是一名老师，有些观点我也一直在琢磨，但一直没想明白，管老师帮我开窍了。

第一，现在的老师和家长，可能更多时候应该充当孩子的玩伴，跟孩子一块儿玩，一起思考。"陪伴是最好的教育"，与孩子一起学习是最好的状态。

第二，老师和父母都要尽量地免除那些不必要的担忧，比如担心孩子以后考不好怎么办。我最开始听了管老师的理念，也有过类似的担心，后来我越来越明白，有意思的作文才难写。如果每个孩子平时都能流利地写出有趣的作文，考试的时候写作文就像玩一样。

我想到了我的一位历史老师，他是全国特级教师，可以让一个班级的历史成绩平均分在 90 分以上（总分 100 分）。他用了最简单的一招，叫历史记忆法。别的老师都只讲一遍，他用不同的方式讲三遍。

第一招是颜色位置记忆法。无产阶级的都是红色的，资产阶级的都是黑色的，无法划分具体阶级的是蓝色的。根本不用死记硬背，考试时一看到题目，脑袋里就立马出来了相应的颜色。

第二招是重点难点。那些自己记不下来的内容，把它们贴在自己家里关键的地方，如卫生间、厨房、书房，保持位置不要换。高考的时候，一看题就想起了贴在家里的内容。

这种方法应对考试非常有效，老师就是用一些玩的方式，帮助我们记住了内容。

管老师也是用玩的方式陪伴孩子。现在的新新儿童其实非常聪明，我们不要总想着考试应该怎么办，而要看着他们写出一篇一篇的佳作。之后他们再去应付千篇一律的考试，不过是小意思。

另外，管老师说孩子的语言充满娱乐性，他们喜欢用流行语，关于这一点我也很有感触。

我在主持节目时，或者在大学讲课的时候，一开始也是认为要维护汉语言的纯粹，特别抵触流行语。

为此，我特意请教了钱文忠先生。他说，第一，汉语言文字的基本规则叫约定俗成，从古到今皆如此。第二，不要担心各种各样刺耳的网络语言会污染语言环境，网络语言淘汰率非常高，如果大家觉得不好，很快就消失了。

我做《口述历史》，就会去研究抗战史、抗美援朝史、自卫反击战史，包括外交史，大家都觉得这是研究公共外交、研究战争的，其实不是，因为里面有一个个真实的人在说话，完全可以用来研究语言的变迁。20 世纪 50 年代流行什么词，60 年代流行什么词都能看出来，这些流行词有的人到现在还在说。

对于流行语，我确实有一个从排斥到接受的心理过程。直到现在，有些确实比较难听的流行语，我认为也不太适合用在公共场合，当然，我也相信孩子们有自己的判断标准，他们自己就能把握这个度。

名师答疑

家长：

现在的家长非常注重孩子在个性上的充分发展，但我觉得是不是也需要把握一个度呢？

比如，管老师允许学生给自己起外号，或者直呼其名。而我自己很留意这类事情，我的女儿7岁了，我会告诉她名字虽然只是一个符号，但是长幼有序，这表示一个人对他人和社会的尊重，一个人自己的素养也反映在他对别人的称呼里。我们对长辈，再生气都要用尊称，不能口不择言。

我十几年前是语文老师，现在不做教师了。我觉得现在新语言一直在发展，孩子们能灵活运用非常好，但有些词的含义的确和我们约定俗成的不一样。比如孩子用了"二"和"不三不四"，这是贬义词，形容人不伦不类，道德上不太好。如果我们在孩子用这类词时能提醒孩子这是贬义词，别人听了会生气，会不会更好呢？

我觉得，还是要更多地让孩子吸取精神方面的养分。

一个孩子活泼可爱没问题，但是否也应该注重精神品质方面的发展，让孩子更健康地成长？

管建刚：

您让我想起了一个话题：儿童作文是不是应该承担起道德功能？

您的问题也是无数家长和老师担心的：我们想让孩子自由自在地表达，甚至允许孩子重口味，但如果孩子的作文里面出现对人的不尊重，或者一些观念上的错误怎么办？

我们在前面提到过，不要用道德标准去绑架孩子的作文。儿童为什么不喜欢写作文？一个重要原因，就是大人总是举着道德的旗帜去评判他写的作文。

我们会说他写的作文不尊重人，他的想法是错误的，他的语言不够正确，于是他会对写作文越来越不感兴趣。

写作文如果等同于做人，这就是无限地把作文上纲上线了。

如果说，当下孩子写作时是自由的，那么您刚刚提出的，要在写作学习中让孩子吸取精神养分就很有必要。但是，孩子的第一步还没有跨出去，就因为方方面面的担忧，而用道德标准来禁锢孩子的表达，那孩子就永远会排斥写作这件事。

我个人还是希望孩子先跨出去，也许真的会产生一些问题，那也不要紧，我们到那个时候再给他必要的帮助。但是，一切都要等到跨出去再说。

崔永元：

我从 2002 年开始做口述历史采访，被采访的人平均年龄 85 岁，最大岁数是 108 岁，当然，还有三四十岁的。

不同年龄的人，世界观肯定都不一样。

但是作为一个口述历史的采访者，我不能跟人辩论，不能跟人起冲突，必须好好听人家怎么说。

我经常与学生和女儿分享自己当时受的教育，供孩子们参考，而不是要求他们必须按我的想法来。

我女儿小时候，让我印象很深的一次是我们一家开着车从海口到三亚，我让女儿坐后排，她非要坐前排。我担心遇到急刹车，她的脑袋会撞在玻璃上，就用胳膊护着她，从海口一直护到三亚，护了几个小时，胳膊都麻了。

她现在 20 多岁了，完全不记得这件事。但她记得另一件事，就是有一次我对她说"别插嘴"。

你看，很多好事她记不住，但侵犯她的边界一次，她会记得。

所以，关于是否要在陪孩子写作文时用道德标准来约束他，我的建议是别摆谱，说自己的故事给他听，仅供他参考，而不是要求。

家长：

如果孩子平时已经形成了这样的习惯，写东西写得特别"嗨"，随心所欲，特别有趣。

可是这种习惯要是延续到了考场，万一某些老师阅卷的时候觉得这种风格不是传统教育想要的，给予不及格，那怎么办呢？

管建刚：

这是一个非常现实的问题，它受到整个评价机制的影响，所以，我和我的团队是这样做的：

我们让小孩子由着个性来生长，等个性生长以后，再做必要的修剪。

盆景有两种制作方法：一种是在很小的时候就进行捆绑，让它按照你想要的形态成长；另一种就是让它自由生长出自己的样子，再根据它的样子来修剪出造型。

第一种盆景的制作方式，可以制造出很多很漂亮的，但造型都一样的盆景，就像流水线生产的一样。很多语文老师都会用这种方法，比如如何开头、如何结尾，比如"开头两行半、结尾两行半、中间两大段"，这是批量生产的。

我们所采用的是第二种方式：先让孩子自由地生长，再根据每一个孩子的特性进行适当修剪。让孩子自由生长，不等于不管、不闻、不问。关于如何修剪，可以参考我的一本书叫《我的作文训练系统》，就是讲如何训练孩子的写作能力，如何把握对事物和文字的敏锐度。

两者是相得益彰的，但是目前我们最为欠缺的不是后者的训练，而是前者——让孩子自由生长。

另外，其实现在的老师也逐渐变得开放了。尤其在小学统一批卷的时候，大部分的老师遇到有趣的作文，都是笑着跟其他老师说："你们来看这篇作文多好玩。"然后再给孩子一个不错的分。不要把老师想象成魔鬼。

家长：

我的第一个问题是：初中年龄段的孩子在写作文上如何辅导？

我的孩子上了初中，作文在考试中占的比重特别大，有40分，写得好不好直接影响总成绩。老师发的范文就很模式化，比如开头就得点题，中间分几段，最后必须升华。

有一次老师留了篇作文，让他写"关于想象"的文章。孩子就打算写他想象自己过马路扶老太太的故事。我就觉得，哪有那么多老太太让你扶？

孩子从小就是这么长大的，他的性格、棱角、想象力，好像都被磨平了。

所以，我的第二个问题是：初中阶段的孩子已经不是小孩子了，学校可能也有一套自己的教学系统，大人怎么能帮助他回归生活，做一个特别有趣的人？

管建刚：

对初一、初二的小孩子，可以多给他一点儿尝试的机会。

很多老师都会讲，写作文时立意要高，那立意和什么挂钩？

看到一个题目，他如果想不出来怎么写，就说明他缺乏一定的思考力。

如果思考力上不来，立意也就出不来。

训练孩子思考力的方法，有一招很简单，叫作"我的名言"：遇见某一件事触动了他的一个想法，不管是什么事情，都可以写出来。

这个训练需要经常做，就像锻炼身体，天天坚持慢跑三千米，跑上一年，体质肯定有变化。我试验过，让六年级的孩子每天写一句，一年下来，他对同一件事情的看法，思考的深度和广度就都不一样了。

家长：

看孩子写的作文的时候，怎样做到不去评判孩子？

管建刚：

我们在批改孩子的作文时，有一个原则：多就少改。

我们一直以为"多就少改"的意思是，对于孩子的作文，要少画圈圈，少画叉；而我个人最新的研究心得是，"多就少改"这个原则中，最重要的"就"，是遵从孩子的思想、情感和观点。也就是说，你可以把孩子的语言改得面目全非，但孩子自己的核心思想、情感和观点你不要改。

尤其孩子到了初中，他要表达的思想、情感和观点如果被改掉，他心里会很不痛快。所以我们即便要改，改的也只能是语言。如果你改了之后，意思表达得更准确、更有穿透力，完全没问题。

发表和交流，让孩子用笔说话

崔永元说：

之前在管老师讲课的现场，我发现一个细节：每一堂课讲完以后，我都能看到管老师在他的电脑上重新修改课件。管老师用这样的方式对待作文和对待学写作文的孩子，很多人就做不到。

有的作文题目，几十年前就已经定下来了，而孩子还要按照那个题目和思路去写。其实管老师在更新课件，就跟我们更新自己的观念、更新自己的思维方式、更新自己的词汇是一个意思。

让孩子学会用笔说话

我们先来看三句话：

七门功课红灯，照亮我的前程。——韩寒

煲汤比写诗重要，自己的手艺比男人重要，头发和胸和腰和屁股比脸蛋重要。内心强大到混蛋比什么都重要。——冯唐

我认为每个人都是有本质的，像我的本质就是流氓、土匪。如果放到合适的地方就大放光彩，可是在城市里做个市民，在学校里做个教员就很不合适了。——王小波

以上这些语言，放在很久以前可能会令人大吃一惊，但我们的时代都接受了。这说明我们处于一个开放的时代。

我在前面也提到过，《语文课程标准》中关于如何评价低年级孩子的作文，主要应该关注孩子的写话兴趣，而不是强调句子通不通顺、意思对不对；对中高年级的写作，则主要提倡为学生的自主写作提供广阔的空间，减少对学生写作的束缚，鼓励自由表达，提倡学生自主选题。

我们将《语文课程标准》进行解读，可以概括以下几点内容：

1. 懂得写作是为了自我表达和与人交流。

2. 养成留心观察周围事物的习惯……积累写作素材。

3. 纪实作文和想象作文，内容具体，感情真实……

4. 学习读书笔记和常见应用文。

5. 能根据表达需要，使用常用的标点符号。

6. 修改自己的习作……交换修改……

7. 课内习作每学年 16 次左右。习作要有一定速度。

以上 7 条中，第 2~6 条所占的比重最多不会超过 20%，而最重要的是第 1 条："懂得写作是为了自我表达和与人交流"，它的比重至少占到了 80%。也就是说，写作就是让孩子把自己的心里话表达出来，讲给别人听。

我非常喜欢叶圣陶先生对写作的定义，他说："写作就是用笔说话。"这个定义通俗而精准。

我们在说话的时候，是怎样的状态呢？比如我在上课的时候，中途哪怕有一部分人离开，我还是能对着剩下的人讲完；但如果所有的人都跑光了，我还能对着空无一人的教室继续眉飞色舞地讲吗？肯定不会了，因为没有听众。

孩子写完作文后有没有"听众"呢？一般看孩子作文的就是家长和语文老师，但家长和语文老师是评判者，而不是读者和听众。也就是说，孩子用笔说话之后，是没有听众的，他是对着一个空无一人的教室不断地在讲。

学生的生命力如此强大，对着空无一人的教室讲了一年又一年，以至于很多学生毕业之后，哪怕是中文系毕业的，只要没有接到必写的题目，就不会主动去写作。

我认识很多孩子，从小在妈妈的逼迫下学弹钢琴，一步步考二级、四级、六级、八级，考到十级之后，就再也不会摸琴了，因为他不愿意弹了。

同样，为什么孩子不愿意写作文？因为他以为写作文就是对着空气自言自语，他没有体会到写作文是用笔说话，是有人听、有人看的，自然缺乏热情。

而当孩子感受到他在用笔跟人对话，他就会产生写作的动力，而且会不断修正自己的写作方式，朝着正确的方向走。就像一个人把自己关在屋子里很久，走出房间后试着与人交流，可能一开始会语无伦次，后来就会越来越正常。

所以要想孩子真正能写出好的作文，要做到交流，而不能闭门埋头苦写。想要做到交流，最为关键的方法是发表。

发表出来就获得了读者。发表出来，他的话就有了听众，他就会产生继续写下去的动力。

我的写作水平是怎样提高的

我自己就是这样走过来的。

我现在还在写作，但我其实从小就是个语文后进生。我小时候家里没有一本课外读物，我的数学成绩很好，但语文很糟糕。

初三考师范的时候，总分是 640 分，我考了 584 分——总共只被扣了 56 分，但仅语文一门，我就被扣了 28 分。

我做语文老师纯属意外。1991 年我从师范学校毕业，毕业之后就重病了一年，第二年我去学校报到的时候，就只能当语文老师了。

我一开始不会教语文，只能看其他老师怎么教，一直照葫芦画瓢，稀里糊涂的。

直到我人生中出现了一个重要的转折点，我很感谢这个转折点。

1998 年的春天，印象里，那年的春天比往年来得更早一些。有一天，我忽然想写一个小东西，就写了一篇题目为《三月》的文章寄到了我心中全世界最小的报刊社《吴江日报》。

我们办公室的王老师是看《吴江日报》的第一人，他看完报纸后，会把吴江发生的各种大事小事讲给我们听。1998 年 3 月的某一天，王老师看着《吴江日报》，突然说："今天奇了怪了。"然后拿着报纸走到我跟前，说："小管，《吴江日报》上有个人的名字跟你一模一样。"

我一看，就说："王老师，这是我写的。"

王老师拿起报纸一句话都没讲，走到座位上，喝了一口茶，发出了一个"喊"的声音。

打死他也不相信！因为从 1995 年到 1997 年，我经商了 3 年，又没有去鲁迅文学院读书，怎么会写文章？

我很受伤，心里琢磨着怎么能够洗清自己的不白之冤。

那天下午，我终于想到了一个伟大的计划——再写一篇！

我已经想好了，下一篇的题目叫《四月》。

1998 年的 3 月，我开始疯狂地酝酿、写作，写完就投给《吴江日报》，此后就开始疯狂地等待，4 月 5 日看王老师没动静，想死的心都有。

直到 4 月 27 日，王老师突然站起来，我看到他惊讶的表情，知道有戏！他向我走过来，把报纸往桌上一放，说："小管、小管，这篇《四月》的作者'管建刚'还是你吗？"

我当时把所有的兴奋都压下去了，很淡定地说："嗯，正是在下。"

从《三月》《四月》发表之后，整个学校的老师看我的眼神就不一样了。我又写了《五月》《六月》发表出来。

期末结束工作，我们都到乡镇上去开会。我往角落里坐下来，就听到一些认识和不认识的老师在问："是不是有个叫管建刚的老师，发表了《三月》《四月》《五月》《六月》……"

那一刻，我发现我的虚荣心被喂得饱饱的，我又写了《七月》《八月》……

2005年，我出版了第一本书《魔法作文营》；2006年出版了第二本书《不做教书匠》；2007年出版了《我的作文教学革命》（第一版）；2008年我被评为江苏省语文特级教师；2009年出版《一线教师》；2010年出版了"管建刚作文教学系列"：《我的作文教学主张》、《我的作文教学革命》（第二版）、《我的作文教学故事》；2011年出版了《我的作文训练系统》，这本书就是专门讲技术训练的；2012年出版了《我的作文教学课例》；2013年出版了《我的作文评改举隅》，还有一本我非常喜欢的《教师成长的秘密》；2014年出版了《我的作文教学六讲》《一线表扬学》，实际上，我们远没有挖掘出来表扬孩子的艺术和本领。

2015年到2018年，我也陆续在出书，十几年来我出了20多本书。

但令我印象最深刻的，还是当年发表的第一篇文章——《三月》。

《三月》是怎么发表的呢？后来，我和《吴江日报》的编辑聊天，他告诉我，1998年3月，所有的版面都排好了，就差一小块300字左右的豆腐块文章，约稿也不好约——谁会好意思只写300字的文章就投稿？后来发现有一个叫管建刚的作者写了一篇300多字的文章，太适合发表了。

我还以为是自己很有才华，没想到只是被迫补缺而已。但我还是很庆幸自己能走出第一步，让我这样一个语文曾经很糟糕的人开始研究写作，并且写了20多本书，还很受老师们的欢迎。

将孩子的作文展示出来，让孩子用笔发声

我的经历对于学生当然也有参考价值。对孩子来说，如果能持续发表自

己的文字，对作文的感情就会日益加深。

后来，我做了一项作文教学改革，就是在班级里办一份《班级作文周报》，让全班同学不断地发表作文，我担任主编。每一期报纸能发表 1 万字左右的学生作文，我们班上大约有 50 个同学，每一期就能发表 20 个同学的作文，大家非常踊跃。

孩子们最看重的是小伙伴们能读他的作文，让他能够用笔和别人产生交流，而不再是自言自语、埋头苦写。

作文一发表，就开放出来了，全班同学都是他的读者。我还会给平行班送一张，所有的平行班都在读他们写的作文。每一期报纸印出来之后，全班同学还会投票选出最好的五篇，做成美篇，在公众号上进行推送，那就有了无穷多的潜在读者。

将文章发表出来，这不仅是我的经验之谈。福建师范大学的潘新和教授也曾经反复强调发表的意义，他认为发表文章能够帮孩子提高自我实现的意识，在培养写作技能之前，就应该将这种意识根植于孩子的大脑。

作家蒋方舟的写作成长得益于她的妈妈尚爱兰。尚爱兰也是个作家，她在回顾女儿的写作经历时曾说："一个合格的作文指导老师，不应该把力量都放在'指导'学生如何写作文上，他至少应当分出一半力量来，研究一下，如何'发表'这些作文。"

所以，不管是老师还是家长，都可以想想如何让孩子的作文发表出去，让作文不再是一个人的自言自语，让他真正享受到用笔说话的痛快。

尤其在今天，发表是很容易做到的一件事情，朋友圈、公众号、小电台等都可以。

我们还可以帮孩子把作文改成一个小剧本，拍摄成微视频推送出去，孩子就会觉得写作文真有用，写作文真好玩。

作文是自我表达，更是与人交流，两者缺一不可。如果没有交流，孩子就只是写了一篇又一篇名叫作文的作业而已，根本不是真正意义上的写作文。

我们每年有一个活动，叫"我的书装帧设计大赛"。学生写的小作文，一个学期装订成一本。从四年级到六年级毕业，有六本"我的书"；还有"我的报"，一年的报纸装订成一本，有三本"我的报"。

我在2002年带的一个班级，都是农村的孩子，当时装订是使用针线缝，我怕他们丢掉，就建议大家都放在我这里，由我来保存。

这些孩子慢慢长大。有一年，我教过的两个孩子结婚，邀请我做证婚人。我想到了他们当时写的八本作文，就贴好封面，带着这八本书去了。

做证婚人的时候，我拿了出来，说这是我送给他们的礼物，是他们在小学里写过的八本书。在场的人都不敢相信，这么多年过去了，居然有一个小学老师，把他们的日记本一直存放着。

我把八本书放到了新娘的手里，转过头非常同情地跟新郎说："今天晚上你的日子会比较难过，在我带来之前，翻了一下你当初的作文，你在里面隔三岔五地说新娘是母老虎。"

正面反馈，激励孩子勇敢地表达自我

借着上面这个故事，我也和家长们解释一下：小孩子写作文，不管说的话有多不好听，也没事，不必动不动就大惊小怪。当年的"母老虎"，不也成了婚礼现场"温柔的新娘"了吗？

很多学生都不太敢与人交流，因为一旦开放了肯定会出现问题——他们写出的心里话，一般都不那么好听，而且很可能会被大人批评。

我在朋友圈看到一个老师发表了孩子的这样一段话：

"胆儿肥呀，敢不写作业，一个个的，给你好脸想上天啊！回去，今天的试卷抄着做一遍！"陈老师收住笑容，吐出一串让我们心惊胆战的话。

"你们的脑子带来了吗？考这点儿分，下次再考这点儿分试试。"陈老师愤怒地把撕碎的试卷扔到一边，粉笔末随着碎片一起飞扬。

"你说你们，平时不写作业，到了期末考试，净拉低我们班平均分！"陈老师手拿教棍，一边打一边责骂。

实际上，这段话不是为了表达老师的错误，只是孩子的真实表达而已，但可能大部分的家长和老师都不会愿意将这样的文字公之于众。

开放才能解放，孩子本身就应该是开放的。有的大人教作文总说不要这样写，要那样写，要照我这样写……这些在孩子听来都是负面的反馈。

好的反馈是什么呢？就是懂得表扬的艺术。

有一天，一个孩子在黑板上把磁条放在一起做了个小造型，我就夸了一下。接下来，他们每次值日后，都会在黑板上留下作品，每天变换一个造型。

从图中可以看到孩子摆放磁条的创作水平在飞速提高。我最初只是随口表扬了一句，这就激发了他们的创作热情。

如果在面对孩子的作文时，家长们也能给出正面的反馈，让孩子愿意自

由地用笔和外界对话，他们终会向我们展示他们惊人的创造力。

开放才能激发天分，因为他们的身份是孩子。

崔永元说：

听管老师的课，好像在经历一次次的启蒙。所谓启蒙，就是在一个封闭的状态下，有人告诉你一个新的概念。一开始你肯定不接受，然后你听他解释，慢慢地尝试，忽然觉得有一点儿道理；等到这个概念已经风行的时候，实际上已经过时了。

大人谈到孩子的作文时，大脑中会像闪电一样蹦出一个词——"分数"。任何一个人讲作文，家长都会说："能让我孩子提高分数吗？否则我可不想听这个课。"

其实，我们一开始问管老师："您能讲技巧吗？"他说："当然能。"后来他又补充道："我出的很多书都是讲技巧的，但在这本书里我不想讲，其他几位作者去讲就足够了。我想讲'道'，'道'听起来不是那么管用，也不会一用，孩子分数就上去了，但是，'道'搞不通，'术'永远不对。"

名师答疑

家长：

我孩子在低年级的时候，写的作文常常被老师当成范文去读，孩子觉得特别有成就感。后来换了老师，老师对他没有反馈，孩子就觉着没意思，常常一整天怅然若失。

我就想在自己的公众号下面给孩子新列一栏，让他和我一起更文，我更一篇，他更一篇。我想这会有效果，可我后来给孩子提出这个想法的时候，他不接招，可能他的写作热情已经下去了。我该怎么样唤醒他，点燃他心中原来的火苗呢？

管建刚：

老师对孩子的认可是非常重要的。但很多老师也会有自己的偏好，可能有的老师会喜欢某一类文章，而冷落另一类。

所以我要提一个词叫"包容"，一个老师在看孩子的作文时，是应该不带偏见的。就像一个大领导，应该是非常包容的，允许公司里有不同个性的人，各种不同的人都为他所用，这个公司才能运营起来。

做老师也是一样的，就像我之前说的学生的作文有"四类才"：正才、鬼才、怪才、痞才。不管哪一类，都应该得到理解和接纳。

崔永元：

对家长而言，至少可以先记住一个字——夸。

当然，管老师也给我们提供了技巧，不是随口夸"你写得挺好的"，这样没有含金量。孩子不是傻子，得夸到点上，孩子才能接受。

家长：

我非常认同管老师的价值观、学生观和教育思想，尤其是您认为要先有"道"，我们再去学"术"。所以，您能不能简单地把您的教育思想和我们分享一下？

管建刚：

我的作文教学观：

第一，夸是最重要的作文教学方式。

第二，先写后教。

让孩子自由地写，不要在他写之前去教。要先写再教，即先让他自由地长，此后再帮他适度地修剪。

第三，文心技巧重于文字技巧。

大家普遍非常关心文字技巧，我提出了一个新观念：文心技巧。

这也是大家对写作的态度，他们不认为写作是有技巧的。鲁迅不承认有技巧，老舍的意思是"最大的技巧叫无技巧"，夏丏尊说"读者意识是最大的写作技巧"。

他们心中的技巧和我们原本以为的技巧，完全是两码事。

我在概念上做了一个区分。

传统意义上的写作方法，比如对比、呼应、点题，这种叫文字技巧。

而老舍、夏丏尊等大家所讲的技巧，我称之为文心技巧。

文心技巧有如下六个内容：

1. 发表意识，把文字发表出来，与人交流。

2. 读者意识，要想明白写的东西要写给谁看。

3. 真话意识，要说真话。

4. 作品意识，要成就学生的作品感，而不是次品感。

5. 心灵敏感，心灵敏感对写作非常重要。

6. 现象思辨力。

以上六个内容中，我重点解释一下第四条，什么叫有作品意识。

我当年发表的那篇《三月》，今天看起来是一篇很不成熟的文章，但如今的我即使出一本书，也超越不了当时《三月》《四月》发表后的兴奋。

每一个人都有当下的作品高度。7岁的孩子有7岁的作品高度，哪怕7岁时写的文章很不像样，也是他当下最好的作品。

有一个关于爱因斯坦的小故事：爱因斯坦做手工，老师说他做的小椅子是世界上最丑的，爱因斯坦说，还有两把更丑的，那是他之前的作品。所以第三把椅子即使别人看起来很丑，也是他当下最好的作品。

崔永元：

我见过不止200个学校的校长，我把校长分为两类。

第一类校长一见面就会说："你猜猜我们有多少毕业生在北大和清华？"

第二类校长是当我问他："学校有多少毕业生考上了北大和清华？"

他就说："我有事，让副校长接待吧。"

管老师今天讲的内容也可以分为两种：一个是"道"，一个是"术"。他更愿意讲"道"。

家长：

您在一线教过书带过班，您的这套方法教下来，对于孩子作文水平提高效果如何呢？

管建刚：

说说最开始的时候吧，我在江苏省苏州市的一所中心小学教了两年，这个班共 42 个学生，我们先在《班级作文周报》上发表作文，接着评选佳作，之后又开始对外投稿。

42 个学生，在全国 30 多家报刊正式发表了 200 篇作文，人人都在正式报刊上发表过作文。

当时每发表一篇学生作文，指导老师都有奖励，在县级报刊发表能得到 20 元，在市级报刊发表能得到 30 元，在省级报刊发表能得到 50 元，在国家级报刊发表能得到 80 元。当时我的奖金拿到手软。

家长：

您平时是怎么培养自己孩子的？如何把这套系统理论深入到子女的教育中？

管建刚：

我女儿在北京师范大学读中文系，毕业后去香港中文大学读研究生了。

培养她很简单，我先问她："你想不想到我班上来，爸爸教你写作文？"她很干脆地回答："不要。"

我就和女儿商量："你做我的编外学生总可以吧？"她说："我可以考虑考虑。"

我办《班级作文周报》，就给女儿留了一小块地方。

我们班的同学也好奇，他们非常想看管老师的女儿写什么。我女儿的文章一发表出来，全班同学第一时间就看她的文章。

大家看得非常认真，实际上，把这一块留给我女儿，对我们班的学生来说也有一种激励作用。

女儿就很努力地写。我回家后，还会半真半假地告诉她，我们班的同学是怎么评价她的文章的。

所以，最大的写作技巧叫读者意识，也就是让她明白作文发表后是有人读的。这是我在教女儿的时候，印象特别深的一件事情。

一说真话，孩子就会写作文

崔永元说：

一说真话，孩子就会写作文。对这个题目，我们也可以反着来理解：孩子为什么不会写作文——他老是在说假话。

在这一节中，管建刚老师会说到，孩子怎样才能轻而易举地写出打动人心的文章，其实很简单——讲真话。

得出这个观点的不是我，朱光潜教授早就说过，"很多人不会写作，是因为从一开始就走上了说谎的路"。

人性深处都是喜欢说真话的，喜欢有朋友可以敞开心扉，把所有该说的都说出来。

说真话也是一个人心理上的需求。在电视剧《潜伏》中有一个惊悚镜头：秋掌柜咬断了自己的舌头。以他对党的信念，他不会主动出卖信息，但他怕自己做梦的时候说真话，控制不了自己。

我看了这个片段，对共产党人由衷地钦佩。同时，作为一个研究作文教学的老师，我又马上想到作文上来。

人的内心深处要说真话，但孩子们一写作文就说假话，自然写不好。

我看过的所有写得动人、有生机的作文，都是因为孩子在说真话。所以我常常说，一说真话，孩子就会写作文。

有一天，我同事给我看了一篇他班上的学生写的作文。作文如下：

这个学期，我们班新来了一个同学，她叫范亦陶，长着一对像黑葡萄一样的眼睛，小巧玲珑的耳朵，最美丽的就是她笑起来的时候。

记得有一次，她穿着裙子在操场上，徐老师说："范亦陶，你穿的是六一儿童节表演的裙子啊，今天可是有体育课的。"范亦陶笑了起来，说："我不知道，所以才穿了这件衣服。"我看见她美丽的裙子和温暖的笑容，差点儿流鼻血了呢。在做操时，她扭动着身子，仿佛在跳舞呢，这真是太、太、太、太美丽了，我恨不得拿个手机把范亦陶这最美丽的样子拍下来，在家里想看就能看见这美丽的动作。

做完了早操，我就在心里想着，范亦陶太美丽了，真想让我妈也生一个像她一样的女孩子。范亦陶在我心中就是一个高高在上的仙女，真想天天跟她形影不离啊！

这个学生在形容女同学美丽时，连用四个"太"字，这一点儿也不多，这也不是重复，而是反复，他在当时肯定感觉必须用这四个字来表达自己的内心。

我是一名语文老师，如果我让学生用"形影不离"造句，有的学生敲破脑袋也想不出来。但是在上面这段文字中，我们看到当这个学生真心实意地表达自己对这个女孩子的感情的时候，将"形影不离"这个词用得如此贴切、精准。

这篇作文虽然是小孩子写的，但一点儿也不奇怪。韩寒就说过这样一句话："说真话是从写情书开始的。"

当然韩寒很调皮，他调皮地在这句话的前面又写了一句话："假话是从写作文开始的。"我作为一个研究作文教学的老师，看到这句话，真的像是一拳打在太阳穴上——恍然明白了。

孩子在低年级时，作文题目一般是"看图写话"。

图是成人世界的图，是从试卷上、教材里、课外辅导资料里拿过来的，而且图上展示的都是成人才理解的世界。小孩子从小写作文，就会认为写作文是成人要求自己去照着图片写出一个意思，这个意思跟自己内心的想法无关，而是成人要求他们表达的意思。

有一幅看图写话：

　　题目是这样的：天空下着雨，小猫手上有把伞，它看到了青蛙、乌龟、鸭子、公鸡，请问这把伞应该借给谁？

　　答案是公鸡，因为公鸡怕水。

　　假设孩子在作文里写把伞给了鸭子，得分会很惨。

　　可是从小孩子心理的角度来讲，他有可能就是讨厌公鸡。也许他以前去乡下的时候，遇到过公鸡一直追自己。如果遇到下雨，他就是想让公鸡成为"落汤鸡"。至于鸭子，虽然它已经有"雨衣"了，再多一把伞也没什么用。

　　孩子写作文，如果我们不考虑他的奇思妙想，一心只想标准答案，否定他的内在感受，这就是把他想说的话排除在外了。

　　有这样一个视频：让孩子连线，答案是将狼和羊连在一起。但是孩子说羊怕疼，一定要让狼吃青草。

　　如果这是一张试卷中的题目，那孩子肯定会被扣分了。因为我们不会去顾及孩子内心无比善良的挣扎，总是用成人世界的标准去衡量孩子内心的真实想法，一旦发现他内心的真实想法和我们的标准不吻合，就把它一刀砍掉。

孩子的内心世界比我们想象中丰富得多

其实孩子的内心世界是无比丰富的，只是我们不理解而已，误以为孩子是张白纸。

一直以来，我们在写作文时总是提倡"勤于观察"，比如老师拿出一个苹果，让孩子闻一闻，再咬一口尝一尝，这样的观察叫外部观察。但只有外部观察是远远不够的，写作是心灵的舞蹈，我们还要关注孩子的心灵世界。

苏联作家伊利亚·爱伦堡说："如果作家的艺术在于善于观察人，那么医生和侦察员、教员和列车员、党委会的书记和统帅就是最优秀的作家了，但是并非如此。因为作家的艺术在于观察自己，才正确地否定了'观察力'的陈腐概念。"

爱伦堡的这段话，我们翻译得通俗一点儿就是：如果外部的观察力是一个写作人最重要的本领，那么，在中国获得诺贝尔文学奖的不应该是莫言，而应该是电视剧《潜伏》里的余则成。

爱伦堡认为最重要的是观察自己。不是站在镜子里看看自己胖了还是瘦了，衣服搭不搭，而指的是观察自己的心灵世界。

有一次，我在网上搜索五个字"盲人科学家"，搜索出来一个人，而这个人是在当了科学家以后才失明的，因为科学家需要观察外界，眼睛必不可少。而我们根本不用刻意搜索"盲人作家"，我们只是提到这个词，就会立刻想到海伦·凯勒、奥斯特洛夫斯基等人。比如海伦·凯勒，她眼睛看不见，耳朵听不见，她失去了最重要的外部观察器官，但这并不妨碍她成为全世界最重要的作家之一。因为她心灵的眼睛是打开的，因为她心灵敏感。

我非常喜欢著名作家张洁，她获得过两次茅盾文学奖。她讲过这样一句话："人和人的眼睛是不同的，每个人的瞳仁，实际上是长在自己的心灵上，他们只能看见各自心灵所给予的那个界限之内的东西。"

长在心灵上的眼睛，我把它简称为"心眼"，"缺心眼"的人是永远写不好作文的，心眼里流淌出来的才叫心里话、真话。

对于某件事情，如果用外部观察的方式，那孩子们最后写出来的肯定都是一样的，因为事情就是那件事情，怎么会不一样呢？

但其实，对于同一个事物，写出来的作文本来应该是完全不一样的。

比如我们描写一个美人，身高、体重、肩宽，外部测量数据对每个人都一样，这属于外部观察。但如何写一个美人呢？古人写道："增之一分则太长，减之一分则太短；着粉则太白，施朱则太赤。"每个人心里的答案都是不一样的。

同样的下雨天，由两个人来欣赏，落在他们心里的感觉可能完全不同。当一个人打开心灵的世界，他的作文就跟原来的"没话可讲"完全不一样。

如何激发孩子的语言天赋

有这样一篇文字，展示了一个孩子内心愤怒的小宇宙：

我也是人，我会吃饭，我会睡觉，我会犯错，我受到表扬也会开心，我受到批评也会失落，我也有思想，我也能感到疼痛，我不是生化机器人，我是有耐心，只是比平常人多一些而已，但是它也是有个度的。我的气量比常人大，所以大家都拿我当出气筒。朱××表里不一，外表看起来善良、温柔，内心却比乌鸦的毛色还黑，就像你孤身一人在没有月光的黑森林里。她表面比谁都柔弱，内心却比谁都强大；外表看起来比谁都光明磊落，内心却比谁都阴险狡诈。

我要代表男生向你发出抗议！还有你说我偷你钢笔，如果你和我和平相处，我会想出这种法子来整你吗？如果我俩不吵架、不打架，我会想到偷你钢笔吗？我承认"偷"你东西，是我不好，可你也要从你身上找找原因，哪一次打架不是你先引起的？很多男生不小心说错了一句话，乃至一个字，你也要把他"五马分尸"。你是以什么态度去对女生的？如果某天你对男生的态度很好，而对女生的态度很恶劣，那我就把我的"陆"字倒过来写！

朱××，我是人，我可以非常负责任地告诉你，我的耐心已经飙到了极限。

上面这段文字，是一位同学的心里话，他声嘶力竭地控诉了一名叫朱××的同学。这篇作文发表在我们的《班级作文周报》上，真实名字都登在报上面。

当一个孩子把自己的内心世界打开时，他就会自然而然地冒出惊人的语言："内心却比乌鸦的毛色还黑，就像你孤身一人在没有月光的黑森林里……"我一开始都不敢相信这是他写的。

我们再看下面一个刚升二年级的孩子写的一篇作文：

今天，是新学期开学第一天，我是二年级的学生了。在学校，有一件伤心事，我的一个好同学转学了，我非常伤心。因为她每天跟我玩，跟我聊天。我们约定好了我们长大后结婚的。她转学了，把我丢下，一个人孤零零的，日子没法过了。一想到这里，我的眼泪就流下来了。我和爸爸、妈妈，还有姐姐聊这件事。妈妈说："你可以再去找别的女人！"我说："她是世界上最美的女人！"听我这么一说，爸爸、妈妈，还有姐姐都无语了。我很想去上海看你，可是我没钱，只好在路桥等你。

大人看这篇作文，不要总在孩子"过早的深情"里打转转。只要我们留出一点儿理智，就会发现他有一个非常高妙的表现手法：一开始，小女孩在他的笔下是第三人称"她"；写到情不自禁的时候，他就转移到第二人称"你"了。

整个切换，天衣无缝。没有老师和家长去教他该怎样进行人称切换，但是他自己会了。

孩子们是有语言潜能的，每个孩子都是语言天才。只要让他们说真话，他们的语言潜能就能进一步被挖掘。写作的第一作用就是表达真实的情感，而不是玩文字技术。比如孩子在婴幼儿时期，一说"水"，我们马上知道孩子要喝水，妈妈不会对孩子说："宝贝，你说话不规范。来，你要说'我要喝水'。"但是，家长和老师面对孩子的作文时，却经常这么要求。

实际上，只要孩子把自己的感情和需求表达出来，他慢慢地就能学会语言规范和技巧了。

崔永元说：

我们看看孩子们，是多么可爱、乖巧、天才，充满灵气，可有时候，我们教着教着却把他们教"死"了。

帮助孩子拓展想象力，用心感受比用眼睛看要有效得多。

我去新疆采风时听说了一个故事：王洛宾是很有名的作曲家，他的作品有《掀起你的盖头来》《在银色的月光下》《可爱的一朵玫瑰花》《青春舞曲》《阿拉木汗》，都是写新疆的，而这些歌都是他在青海写的。

1949 年，他终于跟着王震的部队翻过天山，到了新疆，之后就再也没有写出这样的歌曲，因为他亲眼看了之后，原来的那种想象空间消失了。

这让我特别震惊：为什么用眼睛看到了，反倒写不出来？我得出的结论是想象力的重要性。他到了新疆，一方面能观察生活，另一方面却切断了他的想象力，想象空间缩小了。

所以我们在陪孩子写作文的时候，也要想办法打开孩子的想象空间。有的孩子不仅仅没有想象空间，就连写作空间也快没了。那些要追求"正确性"的教条思维，让孩子们能写的空间非常少了。

崔永元：名师作文课（基础篇）

名师答疑

家长：

我是家长，也是一名小学语文教师。您说要给孩子一个安全的表达环境，到底什么样的环境才是安全的？

还要给孩子发表的空间，那既然发表了肯定就会有评论，那是不是会产生一些不安全的因素？在开放和安全之间怎么把握这个平衡呢？

管建刚：

在学生眼里，老师的评价特别重要。当孩子的作文发表后，他就可以听到各种声音，有的他当真，有的不当真，但是他最在乎的是语文老师的评价。

所以有一个非常关键的词，我在前面也在反复强调——包容。而要做到包容，最重要的一点就是进行情绪管理。当孩子的作文中，对语文老师有埋怨，或者表达的东西不够"正确"时，老师能以非常淡定的状态，就像置身于这件事情之外，平静地看这个孩子，那就说明老师的情绪管理做得比较好了。

如果你能做到，当50多个孩子在你面前不断地翻来跳去，你自己则是岿然不动，那就对了，这就是我当了30年老师最深切的感受。

崔永元：

老师对孩子的评价的确能盖过其他外部评价。

我女儿上小学二年级的时候，有一天回家说："你把咱们家的三辆大轿车给学校用一下。"

我蒙了，我们家哪来的三辆大轿车？女儿就告诉我，老师说："我们要出去春游，谁家有大轿车？"她就争着举手。老师说："好吧，那就你们家解决吧。"

我和孩子的妈妈互相看了一眼，决心不打翻孩子的自尊心，于是就去租了三辆大轿车，让他们班去春游了。

从这个小例子就可以看出来，老师的话在孩子心中就是圣旨，所以我们要格外注意自己说的话会对孩子带来的影响。

家长：

有的老师能够接受新思想，让孩子写开放的作文；但还有一种情况是孩子遇到了不开放的环境，遇到了不开放的老师，我们该如何平衡呢？是让孩子在学校按照老师要求写，在家里则释放天性地写，这样进行分裂式的处理吗？

管建刚：

孩子可以同时学两套，可以有两套作文本，一套是在学校给老师看的，一套就是说真话给爸爸、妈妈看的，或者是一个独特的日记本。

将来，孩子其实也能很容易把两套方案合并成一套方案，然后就把两种方式给打通了。

家长：

是不是观察力强的孩子，想象力也更强呢？虚构的基础，也是在于我们对一个事物有一定了解，然后按照我们所期望的方向，将它美化。

孩子的作文中会有细节描写，这些细节也是来自观察。我个人觉得很难区别到底属于文学上的观察，还是科学上的观察。

我们院里有两个小孩，有一次我看到他们在考对方问题。比如：你怎么判断这个麻雀是公的还是母的？怎么判断喜鹊是幼年的还是成年的？他们对于观察小动物特别感兴趣。

那么，是不是可以让孩子通过观察到的东西来引起某种情绪和行为？在观察的基础上，再去想象？

管建刚：

你说的有一定道理。在写作这件事情上，我们当然不能排除观察的重要性，只是还有比观察更重要的，就是敏感力。

尤其对于孩子来说，很多写作素材是无法通过观察来获得的。小孩子写作文，练的基本功是写故事，故事写好了，其他都会写，但是很多孩子并不会写故事。

为什么不会写故事？因为故事是观察不来的。写一件动态的事情，也是观察不来的。

比如说妈妈的手机摔碎了，孩子要写这件事情，他不可能让妈妈把手机再摔一次。生活中，当孩子觉察到要写某件事情的时候，事情往往已经过去了，失去了仔细观察的条件。

课程标准上有一个词，叫留心观察。我觉得，最重要、最难做到的是前面两个字：留心。留心比观察本身更重要，更难能可贵。

崔永元：

和观察相连的还有一个词，叫感悟。如果观察以后感到无所谓，就不会有什么收获。

王洛宾曾经在农场天天筛石灰，连口罩都没有。每天收了工以后，他都要洗头洗脸把石灰清理得干干净净，因为石灰会腐蚀皮肤。有一天他实在受不了，拿一根绳子绕上房梁，要自杀。等他把绳子套在脖子上，正要踹桌子的时候，听到旁边的屋里一个小伙子一边洗脸，一边在唱歌。他唱的是：

太阳下山明早依旧爬上来，
花儿谢了明年还是一样的开。

这首歌是王洛宾写的《青春舞曲》。王洛宾开始想，这个小伙子鼻子里、耳朵里的石灰比自己还多，但他一边洗一边唱自己写的歌。

王洛宾就把绳子拿下来了，他的观察和感受就成了他活下去的动力。

我看萧军写抗日的作品，觉得他写得特别与众不同。他写了两个叔叔，二叔不爱说话，赌博输了，还不起，就逃到山上当土匪去了。日本人来了，他就跟日本人干上了。爸爸、三叔脾气特别暴躁，他俩在家聊着聊着天就可以打起来，打的时候一个人拿砖头，另一个人抄菜刀，当脸上身上都是血的时候，姑姑会走进来说吃饭了，别打了。姑姑把菜放到桌子上，兄弟俩就面对面把酒倒好，把酒干了，姑姑再给他们包扎伤口——我们连自己人都砍了，能怕日本人？我觉得萧军太棒了，能写出这么特别的故事。

还有些故事，听起来令人热血沸腾，但如果拍出来直接将画面呈现给大家，大家未必就能有这样的感受。有时候是因为我们缺乏思考和想象的空间，脑子的维度太小了。

家长：

孩子写作文的时候，只要我一凑过去看，他就把本子合上了，每次都逃避。我也想鼓励他，让他把自己的感受完整地表达出来，但是怎样才能够和孩子形成一个很好的沟通氛围？

崔永元：

我有一个特别大的转变。我一开始总是指导我女儿，应该怎么样，不应该怎么样。终于有一天，我知道不灵了，就开始转变，开始向她请教，这个话题应该怎么写，这个故事应该怎么描述更好。她给我说一套方案后，我会问还有其他办法吗，她就还能再说一套方案。

现在女儿 20 多岁了，我对她说："闺女，爸爸现在遇到这样一件事，你看有什么办法？"

她说："老爸，独立思考很重要。"就回自己屋去了。

很多家长好为人师，天生就认为他是孩子的老师，孩子一定要听他的。

我以前也试过控制女儿，我说："你别用我的卡，你自己挣钱可以吗？"

她说："好，一言为定。"

我赶紧说："没事，没事，你还是绑定我的卡吧。"

她愿意很努力地挣一点儿稿费过自己惨淡的生活，也不愿意接受这个威胁。

管建刚：

我切身的感受，就是家长在孩子面前，要注意很重要的两个字：弱势。家长弱下来了，孩子就强大了。

我们成年人在写作的过程中，有人在旁边看着，也会产生压力，也会逃避，更别说孩子了。

每一个孩子都有自己独立的思想，他是一个独立的人。所以我们不要苛求孩子每一刻都依赖父母，强迫他随时向我们敞开内心。

并不是所有的孩子都要用我的方式来写作文，因为这个世界上还有更多的孩子，还有更多的方法，而最好的方法就在孩子自己手里。

好作文，
离不开对生活的细致感受

郑冬梅

深圳市新洲小学

小学语文特级教师、正高级教师、国家级骨干教师

"宽语文教育"和"童心作文"创始人

听出来的作文：将声音串联成一篇好文章

执教人：郑冬梅

崔永元课代表说：

在郑冬梅老师的作文课上，我作为学生课代表，跟孩子们一起聆听郑老师的作文课，总的感觉是，学习最好的方法是把老师们讲得最棒的地方都综合起来，能牢牢记得一个老师讲的一种方法，就能上一个台阶。上一个台阶以后，你就会总结出自己写作文的独特方法。

当大人遇到孩子不想写作文的时候，可能需要反思一下，教学或者教育方式是不是出了什么问题。有时候让孩子说话，孩子也会出现附和的情况，但是这也会限制孩子的想象。当孩子发挥自由想象力的时候，可以表现出令人惊叹的创作能力。

执教人郑冬梅老师提供的写作方法，能让孩子把原本觉得枯燥的作文课，当成轻松有趣的音乐课、美术课，释放孩子的天性。

这种独特的写作方式，能够让我们用最简单的办法调动孩子参与写作文的积极性，打开孩子想象的空间和热情。

想一想

在最开始，郑老师想让大家思考一下下面几个问题：

1. 在生活中听到小鸟的叫声，你会想到什么？

2. 在大自然中听到风声，你又会想到什么呢？

3. 如果你听到三种以上声音，会不会自然地将它们联系起来，想象成一个场景、一幅画面或者一个故事呢？

带着这些问题，我们来学习新的作文理念和技巧——好的作文，是可以通过"听"来实现的。

作文为什么要听？

因为声音里是有内容的。除了有内容，还有你想表达的情感。

听了声音之后，把有声的语言记录下来就变成了文字，而文字就是作文。

郑冬梅老师：

想要听出作文来，需要用"心眼"看，用"心耳"听，用心地感受生活中发生的一些事，把这些东西用你自己的语言表述出来。那么，在大自然中，你听过哪些声音？听到这种声音时，你仿佛看见了什么？想到了什么呢？

学生的回答五花八门：

学生1：我听到过小鸟的声音，想到了小鸟翱翔于天际，俯瞰大地。

学生2：我在大自然中听到了风的声音，就像一个乐队，风吹到哪里，就会将音乐送到哪里。

学生3：我听到树叶沙沙响，我认为那是蟋蟀在树上拉小提琴。

学生4：我听到蝉在叫，仿佛听到一位音乐家在唱着动听的歌曲。

学生5：我听到过雷的声音，仿佛是一颗炸弹爆炸。

这些句子全都仿佛融入了音乐，像一支乐队，接下来就可以带着这支乐队走向大自然。

郑冬梅老师：

接下来我们按照听一听、串一串、画一画、说一说、写一写、改一改的顺序来完成这篇文章。

听一听

（播放水滴声）现在，同学们试着听一个模拟的声音，闭上眼睛感受一下，说说你听到了什么？你仿佛看见了什么？想到了什么？

学生们听完水滴声的音频，展开想象，回答非常激烈：

学生1：我听到了水滴落下的声音，仿佛看到了一个水龙头没关紧，应该会浪费好多水。我想对没关好水龙头的小朋友说要节约用水。把水龙头关紧，实践从小事做起。

学生2：我听到了水滴的声音，想到了一个已经装满水的水桶，水慢慢地漫出来，往下滴。

这家人应该很贫穷，住在山里，只能下山打水。他家为什么那么贫穷呢？我猜可能是老人去世了就贫穷了吧。

学生3：我听到了下小雨的声音，在城市里要是能听到这样的声音，应该是城市非常安静的时候吧。

学生4：我听到了很小的瀑布流下来，溅落在礁石上的声音，像一个鼓手在打鼓。

学生5：我听到了水滴的声音，仿佛看到了晚上的森林里下了一场暴雨，早上起来的时候，水滴从树叶上滴下来，整个森林都被雨水给滋润了。

这些回答很精彩，有的人听水滴声产生了特别美好的幻想，有的人听着水流到地上，就有悲天悯人的作家情怀。

一个简单的声音，就能让孩子们产生这样优美的文字。这就是"听"的力量。

再看看学生把滴水声编成了一个故事：

一个晚上，刚下完一场暴雨。早上，小水滴落在房子上，发出了滴答滴答的水声。

水从房上落到小石子上，仿佛有人在弹竖琴。

蟋蟀也不甘落后，拿着专属于自己的琴拉了起来，蝉也随之附和。

一个小朋友走过水坑，拿起他的笛子也吹了起来。

风吹过，为这场音乐会又增添了一些新的声音。小鸟随风而来，在树上叽叽喳喳地叫了起来，仿佛在演奏。

一个大人走过来，听到水滴声，想着怎么能浪费水，他拿起一个桶就把这水都接了起来。

小朋友来了，他被最小的人绊倒了。这最小的人叫上了他的同伙，把小朋友一起带到了小人国里。

小人国里的禾苗随着小雨，翩翩起舞。

小人国的国王长得也很小，他收留了新来的小朋友。一次，小人国里起了火，这可怎么办呢？

小朋友趁机脱下裤子尿尿，尿到了房子上，火一下就灭了。可是国王说："你怎么能尿到我们的城堡上？不行，我们必须把你开除。"

但从此，小人国的房间里、屋子上都有一股尿的味道。

上面这篇，就是"听"出来的文字，将一连串的听觉感受结合起来，就产生了一篇想象力丰富、生动有趣的文章。

接下来，孩子们聆听三种声音，想象画面编故事。

串一串

用心聆听三种声音，请你将这三种声音串联起来，结合自己的生活实践，展开大胆而合理的想象，可以想象一个场景、一幅画面或者一个故事。

画一画

请在 A4 纸上画出想象中的画面或场景、故事，自己小声说一说，把画面里的景物或人物说清楚，把故事发生的原因、经过和结果说清楚。画的时候要忠实于本心，还有一个技术要求，尽量图文并茂，要去设计和构思。不用画得很精美，简笔画就行了。

说一说

画完了，可以看着画，对别人说一说故事，要把画面里的景物或人物说清楚，把故事发生的原因、经过和结果描述清楚。如果你感觉文思喷涌，还可以直接写成文章。

写一写

把自己说的场景、画面或者故事写下来，题目自拟。场面或画面描写要生动，抓住主要景物来写；故事要有情节，把事情发生的原因、经过和结果写清楚。

改一改

同学们写好之后，读两遍，自己用红笔修改，然后与同桌分享，让同桌帮忙修改，最后是全班评改。

下面是一个学生的现场作业：

各种的声音

武康桥　北京市石景山区华奥学校五年级

一栋楼里，响起了一片滴水声，发洪水了，并不是，是手机的声音，他一见要迟到了，管他三七二十一，赶紧出门。一出家门，就看见一片大火，原来对面家着火了，又出来了一股不明声音，原来是救护车声。人被救走，但是他的长相已变成了一个欧洲人的面貌。

一阵车声，救护车走了，火也灭了，他终于去上学了，可是去学校，一项艰巨而沉重的任务交给了他，顾名思义，学生都知道，那就是每个老师都用的一招——罚站。只能面对现实，要去罚站了，不说了，去得早，罚站的时间就少。快走了，给你们一句忠告，一定不要迟到，结果学校着火了，以后再也不用罚站了，但不应该这样说，起码一个月内不用再罚站了，太棒了，再见。

回家搞事情去了，他搞的事情是去公园与朋友踢球。踢球的时候远离有房屋的地方，别踢到李爷爷或王阿姨家，这是搞事情，可不能把球搭进去。人家玻璃没事，但我的球有事，不能搁这儿耽误时间了，我要去踢球了，回来再给你讲讲我踢球时的声音，比如玻璃碎的声音，比如球碰到人的声音、踢到车的声音。我怎么又说了起来，我要回家去玩，一到家中只见大楼在着火，我一看煤气爆炸，我的足球呀，陪我走过 8 年的经历。

上面这篇作文，得到了很多同学的精彩点评：

学生 1：我觉得你写得非常搞笑、非常幽默，让人笑得肚皮都破了。我觉得，写作文的时候，可以像你这样加一些好玩的东西，吸引读者读下去。

学生2：我觉得你家应该多买一些灭火器，最好随身携带一个。

学生3：这位同学的思想，真是震撼到我了，他写得非常魔幻，细节描写得很好，比如说踢球的时候会用到"玻璃碎的声音，球碰到人的声音，球踢到车的声音"，这些声音肯定是不一样的。思维跳跃性也很大，全文贯穿着一个"火"字。

郑冬梅老师：

这篇作文，让我仿佛看见了一个小韩寒，他的思维是跳跃性的，是由点串联起来的一个"火"字，看起来是虚的，又是实的。实就实在和生活连贯在一起，虚是其中有一些是想象。

他还能把自己的情绪、心情，真实地描摹出来。比如说罚站，说希望学校发生一场大火灾。

孩子的内心，隐藏了很多他想说又不敢说的东西。

我除了是一个语文老师，还是国家二级心理咨询师。我的语文课往往会跟心理学糅合到一起，我觉得这篇作文可能是这个孩子内心的一次调试和宣泄。每一个人都需要倾诉，都需要调试，都需要宣泄，否则我们就会憋出问题来。

我时常想，孩子们写作文是为了什么？

为了考试得分，但我们还可以拓展开——用文字来疗愈，用文字来调试，让我们在语言文字的学习中，润泽孩子的心灵，滋养孩子的生命。

作文教得好不好，是大人长期带出来的。我认为，每个孩子都有精彩的权利。有的孩子暂时弱一点儿，只能写一句话或一个词，那么，有没有可能生长起来？能不能由写一个词变成写一句话，由写一句话变成写两句话？这就是进步。

在我的课堂里，我愿意听到每一个孩子生命生长的声音，看到每一个生命生长的样态。

我们再展示三篇小学生的文章。

第一篇：

警察叔叔非常辛苦，小偷特别不懂事，总要偷东西，警察叔叔就得去追。这一次是半夜，下了一场非常大的雨，但是警察还得要追小偷，非常辛苦。

崔永元课代表：

"小偷不懂事"真的是孩子的语言，我们成人从来没这样想过，都说小偷不懂法。我觉得小偷听到这句话，一定愿意改。

第二篇：

一天，一个人去买菜

欧阳泽宇　北京市朝阳区星河实验小学 17 金星班

一天，一个人去买菜，他把车停在了车库就走了。正好下起了一场大雨，车子里是有报警器的，雨很重，打到了车子上，车子就响了起来，好像是有人摸了一样。那个人买完了肉，回来了，心想：怎么响了？是不是有人摸了车？可是，周围也没有人呀。

后来他又想了想：我知道了，是刚刚下的一场大雨打在上面，报警器就响了起来。

于是，这个人开着这辆车子回去了，他找到修车的人说："我想让你修车子的报警器，让它别再一碰就响了。"

修车的人帮他修完报警器后，他又开着车去买菜了。可是这次，车被小偷偷了，他也不知道。他回来的时候，看到车没了，只好走路回家了。

他的爸爸问他："车呢？"他说被别人偷了，他的爸爸狠狠地揍了他一顿，说："活该，叫你把报警器给卸掉的。"

崔永元课代表：

我觉得这篇文章写得特别好，它有逻辑，有一个细节表现了这个人特糊涂：一句话就交代清楚了，说他要去买"菜"，结果后面他买完"肉"回来了。

第二个是他知道快要"3·15"了，他举报报警器不该响的时候响起来，该响的时候不响。

作文中，修车的人把报警器的灵敏度调低了，但是我们可以看到小作者的灵敏度是很高的。

第三篇：

台风和暴雨

佚名

在一个晴朗的天气里，小鸟的妈妈出去找食物。

本来是晴天，一瞬间，刮起了台风，下起了暴雨，一棵树差点儿被吹倒了。突然打起了闪电，瀑布也被吹歪了，小鸟叽叽喳喳地叫了起来，台风吹到了晚上，暴雨也下到了晚上才停下来。

整个城市都平静了。

崔永元课代表：

我觉得她对小鸟有特别深的感情。台风可以把瀑布吹歪，但是旁边的小鸟没事。

我们在儿童写的作文里，看小鸟、雨滴很多，但能这样想象的不多。

看到这些文字，扭转了我们之前的错误观念。以前我们认为孩子是一张白纸，其实，他们哪里是一张白纸，只不过孩子的想象世界、表达世界、认知世界，跟我们成人的不一样。

实践作业

请在 A4 纸上画出一个你想象的画面或场景，然后根据你的想象，写一篇文字。文字中，最好有对画面、声音的描绘，把事件完整地展示出来。

郑冬梅老师课后小结：

大家可能觉得这些题目没什么神奇的，但每次我在课堂上提出来，孩子们都会非常积极地参与，忽然像变了一群人，一个一个踊跃地举手发言。

我教语文已经 31 年了，在这 31 年里，我越来越发现一个事实——孩子的心其实很大很大。

小小的眼睛看大大的世界。要用心眼看世界，而不是只用眼睛看世界。要培养一颗敏感的心．善感的心。感动不是一种习惯，它是一种能力。

有的孩子不太容易感动，这种能力需要去培养。

有一次，一个一年级的孩子提了一个问题，给了我极大的启发。我给孩子们看一篇小短文——《太阳花》。太阳花是五颜六色的，有一个男孩问："太阳花为什么是五颜六色的？"

班上另一个小男孩是这么说的："因为太阳花要来打扮这个世界，让这个世界变得五彩缤纷，于是它就是五颜六色的。"

有一个小女孩是这么回答的："因为太阳花臭美，所以，她穿红色的衣服、绿色的衣服、黄色的衣服、白色的衣服。就像我妈妈一样，每天出门，今天穿红的，明天穿紫的，后天穿粉的。"

从那天开始，我听懂了儿童的语言。

我觉得儿童就是我的老师，他们的知识是隐藏在深处的，靠我们这些成年人去激发。他们就像一个个巨大的活的宝藏，像火山一样没爆发，需要我们去启发、引导、激化，让他们的力量迸发出来。

吃出来的作文：好文章可以"尝"出来

执教人：郑冬梅

郑冬梅老师：

看到这个题目，你可能会很疑惑：

作文怎么可以吃出来呢？

吃什么才能写出作文呢？

作文怎样吃出来呢？

同学们先跟着我来进行一场"魔幻饼干品尝会"吧，在这个过程中，你就能把文章"吃"出来。先准备一盒饼干，最好是你之前从来没吃过的。在品尝之前，先闭上眼睛。现在请把想象中的视线集中在鼻尖上，想一想，春天来了，小鸟在树林里叫，不对，它在唱歌，小树发出新芽，在风中跳舞，凉风习习的，大家迎着阳光，背着书包上学去了。

郑冬梅老师：

接下来请同学们睁开眼睛，把昨天晚上吃的东西全忘了。我们再按照观察饼干、品尝饼干、说说饼干、写写饼干的顺序来完成这篇文章。

第一步：观察饼干

请同学们轻轻地打开饼干盒，不要弄碎了，取出一块，不要着急放在嘴里。观察饼干的形状、颜色，然后再摸一摸，闻一闻饼干的味道。可以把它的形状加以想象，把味道说得更具体一点儿。

比如，饼干是圆的，上面有好多洞。正面的中间是白色的，反面的中间是肉色的，它的颜色差不多是烤煳的那种焦黄色，上面还有好多好多的小芝麻，看起来很脆、很甜。它闻着很香，我觉得它的味道应该是葱花味的。

第二步：品尝饼干

请同学们任意选择饼干的一个角，咬一小口，看看饼干的变化，呈现的是什么图形，记录下来。接着细嚼慢咽，细细品尝饼干的味道。然后，再选择一个角度咬一小口，观察饼干又变成什么图形，再细嚼慢咽，品尝饼干的美味。这样反复几次，每次都仔细观察咬出来的图形，品尝饼干的味道。

同学们观察和品尝饼干之后说：

学生1：我觉得现在饼干的形状像一个上弦月。

学生2：我第二口咬出了一个海平面，味道非常甜。两个图形都是波浪，看似非常咸，但实际咬到非常甜。

学生3：我咬出来的形状是一个小男孩的头发，它的味道又香又甜。

　　　　　　　　　　　　　　　崔永元：名师作文课（基础篇）

学生4：我咬出来的形状是船，凸起的地方是开船的船舱，平行的地方是甲板，人可以站在上面的，要去遥远的地方旅行。

学生5：我咬出来的形状也是一艘船，我这艘是破冰船，能破到20多米，能去北极。

崔永元课代表：

这次尝试让我非常受启发，饼干是流水线上生产出来的东西，但放在孩子面前，工厂化的感觉消失了，每个孩子都有了自己独特的感受、独特的创造。

第三步：说说饼干

请孩子们根据自己几次品尝饼干咬出来的图形，展开大胆而合理的想象，创编一个故事或者把吃饼干的过程和感受分享出来。

第四步：写写饼干

请孩子们将上一步编的故事或者吃饼干的过程和感受写成文章。

写作要求：写清楚故事发生的时间、地点、人物和事情，还要写清楚事情的原因、经过和结果，突出人物特征和故事情节的描述，明确自己想表达的意思或者道理。

或者把品尝饼干的过程和感受写清楚，要写出自己的真情实感。题目自拟，不写错别字，正确使用标点符号。

以下是一位同学的习作：

饼干猴

安瞳　北京市密云区第一小学五年级

今天早晨，我起床了，发现餐桌上有一块饼干。哪儿来的饼干？

记不起来了，管他呢，我饿了，吃掉它。我咬了一口饼干，饼干突然发出哎哟一声，我一害怕，就把饼干扔在了桌子上，定睛一看，饼干居然在桌子上摇摇晃晃地站了起来，变成了一只饼干猴。

饼干猴对我说："你咬疼我了。"看着饼干猴，有些眼熟，似曾相识，哦，对了，这只饼干猴我小学二年级的时候见过。那是我第一次吃饼干，当时只有一块舍不得吃，就一小口一小口把它吃成了一个孙悟空的样子，吃成了饼干猴，没想到它今天穿越时空来找我了。有什么事吗？突然，响起了敲门声。

崔永元课代表：

他写得非常好，我希望他能继续写下去，他听到了敲门声，后面应该还有故事在发生，有悬念。

再看看一篇习作：

两个最好的好朋友

伊嘉禾　北京市昌平区第二实验小学三年级

在一个遥远的地方，有一个很深很深的黑洞，里边有一只孤独的小蝙蝠。小蝙蝠非常孤独，它不管是在早上、中午吃饭的时候，还是在深夜睡觉的时候，都想有一个伙伴和自己在一起。

有一天，有另一只小蝙蝠，因为贪玩迷路了。这只小蝙蝠从早上一直到中午和晚上也没有找到路，它走着走着，走到了一个黑洞下，它说："我今天就住在这儿吧！"它一进去就看见了另一只小蝙蝠在里边，它就问："你叫什么，我们能不能交个朋友呀？"另一只小蝙蝠说："我叫丽丽，我们可以交朋友。你叫什么呀？"它说："我叫妙妙，谢谢你和我交朋友，我很开心。"

从此以后它俩就成了最最好的朋友，总也不分离，永远一起住在黑洞里，它们希望再交一些好朋友。

崔永元课代表：

虽然住在黑洞里，因为有爱，有友谊，所以也幸福。这是咬出来的蝙蝠。

郑冬梅老师课后小结：

想写好文章一定要学会观察，在观察的时候要用眼睛看，用耳朵听，用鼻子去闻，用嘴巴去尝，用手去操作、体验，用心去感受，还要做记录，以及思考。

其实，世界并不缺少美，缺少的是发现美的眼睛，还有感受美的那一颗心。童心作文就是要从心开始。

很多老师在教孩子写作文时，可能太执着于"教"，过于注重技巧了。比如这里应该用形容词，那里最好用副词，这个句子最好这样写……而我比较看重的是调动和激活。

对孩子来说，激活特别重要，语言和思维是要靠激活、调拨、晾晒、内化之后，才能够有效地应用。

孩子们用自己的心去感受世界，去写这个世界，才有儿童的本色，文字才有灵性。

名师答疑

家长：

您见过那种怎么也激不活的学生吗？

郑冬梅老师：

举一个小小的例子。我曾经去海南澄迈上作文课，去的是邢李源先生捐助的思源小学。学校里都是真真正正贫困的、之前根本没有办法读书的孩子。上课之前，教研员对我说："郑老师，你要有心理准备，上一节课上的是阅读课，基本上就没有办法进行下去，你的作文课可能就更难办，说不定孩子一句话都写不出来。"

我当时想，哪有孩子不会说话的？写作文不就是把心里想的话说出来吗？

教研员对我说："你要不要铺垫一下？要不要装饰一下？"我说没有必要。

没有提前铺垫，我直接给孩子上了一节绘本作文课。绘本叫作《今天我没有写作业是因为》，刚好契合孩子们的心理。

整个课堂，我发现只有一个孩子真的没办法写，他就写了一句话："我没有写作业的原因是我们家的小狗把台灯碰坏了，房间里面一片漆黑，于是没有完成作业。"

我就在"碰坏"这个词上圈了一个圈，引导他自己说。他说完了之后，我让他把自己说的再写下来。他就写了一段，当天我就把他的作文展示出去了。

这个结果是他意料之外的，因为他的文章从来没有被老师展示过。

我觉得对于没有办法写出文章的孩子，也应该想办法去激活他。哪怕他先写出一个词，然后写出一句话、两句话、一段话、一篇文章，只要他有那么一点点进步，就要及时鼓励。

家长：

选择这样的教学方式，您背后的理念是什么？

郑冬梅老师：

我的理念就是一句话：作文是从心开始的。每一个人感受这个世界，感受出来的样态、感受的方式也是不一样的，只要每一个人都遵从自己的本心，用自己喜欢的方式去感受世界的丰富与精彩就可以了。把这种丰富与精彩，用自己的语言、自己的思维方式表达出来。

一个善于感受的人是幸福的，一个善于把自己感受的表达出来的人，更是幸福的。

家长：

您一定遇到过这样的情况，孩子们的作文交上来，但是孩子还是用套路写作，那时候，您会怎么想？比如说，有好多小朋友就喜欢写妈妈或者写人的时候，写樱桃小嘴。

郑冬梅老师：

有的孩子写天气的时候，"阳光明媚""万里无云""天气晴朗"这几个成语都会写进去，这就是一种套路。

写文章不是简单地复制或用重叠词语。词语再华丽，如果不是用心表达的真实感觉也没有用。

遇到这样的孩子，我会给一个面批，就是面对面地批改作文。

我也会总结孩子们出现的一些问题，放在大屏幕上给孩子们去讲。

作文课，首先要让我们的孩子打开所有的感官，用感官和大脑去感受世界，这样就不会再写那么多的套路文字了。

孩子看到的东西是真切的，听到的东西也是真实的，孩子的心是很纯净的，他不愿意说假话。我们不会粗暴地跟孩子说"你这是套路"，告诉他"你写得不对"，但可以对他说"你看到什么就写什么，你心里怎么想就怎么说，你怎么说，就怎么写，这叫我手写我心"。

比如说水滴声、汽车声，他当然听过，还有一些画面，他当然也见过，关键是怎么听、怎么看。平时如果漫不经心，现在就必须在观察中加入思考。

很多孩子说不清自己学校的校徽上的细节，越是熟悉的东西，就越说不出来它的特征。比如让孩子说说妈妈的嘴巴长什么样，可能他也说不清，所以就只会用"樱桃小嘴"这样的写法。

家长：

父母应该怎样引导孩子在生活中学习写作文呢？

郑冬梅老师：

学习的方式有很多种，有一些要靠听，有一些要靠看，有一些孩子是运动型的，就是在动中，他也能够学习。孩子有个典型的特点：有时候你看到他好像是在玩，动上动下的，但是其实他在学习，这叫"运动型学习"。

《论语》中有一句话，"学而时习之，不亦说乎"，好多解释是说复习特别快乐，我觉得不合适。对大多数人来说，学都不高兴，复习怎么可能更快乐呢？我看到了南怀瑾先生的解释，"学而时习之，不亦说乎"是随时随地地学习，特别快乐。我倾向于这个解读，当你根本没有意识到你在学习，就不经意间学到了，这就非常好，就是快乐的。

家长：

家长怎么做，才能帮孩子继续学习下去，让孩子继续发挥想象力？

郑冬梅老师：

我曾经带的一个班上，有一个小朋友8岁时就出了一本书。他的妈妈是一位全职太太，并没有高学历，她是如何培养自己的孩子的呢？

这个孩子的想象力特别丰富，他的妈妈是怎么做的？放手。

只要孩子写完作业，就不会增加任何额外的作业。有的妈妈会在作业之外，给孩子增加好几本教辅书，想办法让孩子把所有的时间都用在做题上。实际上，题做多了，提高的是"题感"，而不是"语感"。

作文该怎么写？

第一，一定要读书。

我的学生每天晚上回去，一定要读半小时的书，读完之后，有感悟的话可以做做读书笔记，没有的话可以不做。

这个小朋友每一次读书时，他妈妈都要跟他一起读。我推荐孩子们读曹文轩的书，曹文轩的语言特别唯美，他笔下的人物，即使在痛苦中依然很淡定、很豁达，这能让孩子拥有大爱、大善的生命底色。孩子在读完这样优秀的作品之后，就会在潜移默化中有一种美感。

这位妈妈就是这样，陪着儿子一起读，读完一起交流。

好的文章不是坐在家里、闭门造车造出来的，而是在阅读当中去积累语感。

这个出书的孩子还有一个特点，特别喜欢做手工。他做的手工，妈妈虽然看不懂，但只要孩子做了，就往墙上贴，通过不断地鼓励孩子、欣赏孩子，让孩子越做越来劲儿，画画也非常大胆，特别有想象力。

第二，泡图书馆。

假期，我通常会给学生布置两大作业，其中一个就是去泡图书馆。

我有一个很成功的案例。一个孩子有点儿多动的表现，后来我让他去泡图书馆，他按照我的建议，把鲁迅所有的书全部看完了。现在，他的语文水平根本不用操心，从不及格到 90 分以上，而且没有掉下来过。

第三，到大自然中，接触大自然。

这就是我给学生布置的假期第二大作业。我认为大自然是一本无字的书，孩子只有融入大自然，他的灵性才能被激发出来。在大自然中去观察、去感受、去体验，这样就能自然而然地把好的文章写出来。

家长不要让孩子闭门造车，否则，文章就不是孩子写出来的，而是家长写出来的，是孩子按照家长的思路，模仿家长的声音，复制出来的文字。久而久之，孩子对作文就厌烦了。

要让孩子的心能够待在大自然中、在书籍中去翱翔、去放飞。在这个过程中，家长要倾听孩子说的话，最好是能把它录下来。我们班的孩子每周都会编写图文并茂的内容。有时候，是家长帮孩子录音，再利用软件直接导出文字，之后进行修改，就是一篇精彩的文章。

孩子只要多读、多写、多练，就能成长起来，写作能力自然会提高。

看出来的作文：目之所及，都是最好的素材

执教人：郑冬梅

郑冬梅老师：

孩子们，给大家出个作文题目：《穿了爸爸的衣服》。

在看到这个题目之后，你可能会有什么问题：

学生 1：你穿过爸爸的衣服吗？

学生 2：穿上爸爸的衣服会变成什么样子？

学生 3：穿上爸爸的衣服有什么感觉？

学生 4：穿上爸爸的衣服我会想到什么事？

学生 5：怎样把穿上爸爸的衣服之后的变化和你想到的事情，以及感受写

出来？

学生 6：写的时候要注意些什么？怎样才能写得具体生动呢？

　　孩子们，要写好文章，要有心、有脑、有耳、有嘴，还要有眼睛，一定要长一双慧眼。同样是一个事物，也许你看到的是这样的，其他同学看到的是那样的。有一次，我给学生们看一瓶矿泉水，问大家看到了什么。有个孩子说："看到了水。"有个孩子说："看到了生命，水是生命之源。"还有一个孩子说："看到了非洲那些因为饥渴而死的儿童。"

　　一个男孩说："亲情能不能像矿泉水这么清澈、洁白、透亮？"我问孩子为什么这么质疑，这个男孩哭得稀里哗啦，把我吓了一跳。他说："爸妈一回家就看手机，各看各的。这样，亲情还是那么透亮、纯洁、温暖吗？我怀疑他们的儿子是手机，而不是我。"同一个事物，不同的眼睛，带着不同的心情去看，呈现出来的完全不同。

　　以下是丰子恺先生的一幅漫画。

郑冬梅老师：

接下来我们按照看一看、说一说、做一做、写一写、改一改的顺序来完成这篇文章。

看一看

请仔细观察他的包、帽子、马夹，以及他的表情、动作等。

说一说

请说说这幅漫画上画了什么？你有什么想说的？这幅漫画让你想到了什么？

把漫画上画的描述一遍，编成一个故事。这已经是在揣摩他的心理了。

下面是一些学生的描述：

学生1：一个小男孩，拿着东西去接爸爸。小男孩的书包里可能是作业本或者卷子，要给爸爸看。他戴着爸爸的帽子，穿着爸爸的大衣，穿着特别大的鞋子。

学生2：小男孩太调皮，拿着爸爸的东西，穿着爸爸的衣服就出去找他的朋友玩。

学生3：小男孩的爸爸刚回来，把他当作晾衣架了，什么东西都丢给他。

学生4：小男孩的爸爸刚坐飞机回来，他穿着爸爸的衣服，戴着爸爸的帽子，装扮成一个大人去接爸爸，不让爸爸发现，想给爸爸一个惊喜。

学生5：我感觉他爸爸可能喝酒喝太多，他就觉得他爸爸不靠谱，离家出走了。他的包里应该是零花钱，衣服很大，为了他长大之后还能穿。

学生6：我感觉小男孩的爸爸太辛苦了，刚出差回来，躺在家里，生病了，他就趁爸爸还在睡觉的时候穿上爸爸的衣服，穿上爸爸的鞋，拿上爸爸的拐棍，拎着爸爸的包，去替爸爸上班。

学生7：爸爸总出差，妈妈很想爸爸，孩子拿着爸爸的衣服到外面穿好后，敲了敲门说："我回来了。"其实就是想让妈妈开心，有安全感。

每个孩子说的都不一样，每个孩子都是一个独特的世界。

做一做

请孩子们角色换位，真实地去试穿爸爸或妈妈的衣服，看看自己的模样，说说自己的感受。

写一写

请孩子们把自己看到的漫画内容或者自己想到的事情写下来，还可以写试穿爸爸或妈妈衣服的样子和感受。题目自拟，描写要生动传神，写出自己的真情实感。

改一改

请孩子们写好之后读两遍，自己用红笔修改，然后与同桌分享，让同桌帮忙修改，最后进行全班评改。

以下是我的几名学生在课堂上的现场作文，给大家展示一下。

穿爸爸的衣服

孙田　河北省固安县英才中学附属小学三年级（2）班

一天，儿子的妈妈很想他的爸爸，因为爸爸出差已经很久了，所以儿子的妈妈很想爸爸。

儿子不想让妈妈再不开心了，拿着爸爸的衣服就往外跑，妈妈没有注意儿子出去了。

儿子在外面，戴着爸爸黄黄的帽子，拿着爸爸灰色的拐棍儿，穿着爸爸黑色的马甲，拿着爸爸蓝色的包，穿着爸爸那又红又大的皮鞋，儿子觉得暖和极了，就像爸爸抱着他一样。

儿子敲了敲门，说："我回来了。"妈妈看见那一身衣服，把"爸爸"抱了起来，妈妈现在开心极了。

崔永元课代表：

第一句话就特别打动人，"一天，儿子的妈妈很想他的爸爸"。一般的写法是"一天，我的妈妈很想爸爸"，或者"有一天，妈妈很想爸爸"。

"儿子的妈妈很想他的爸爸"，这个人物关系就很感人。

郑冬梅老师：

我很感动，读的时候都掉眼泪了。

我们让孩子写文章，真的不仅仅是为了考试，当孩子把真诚的语言送给你的时候，你才会发现什么叫亲子。

爸爸，回来了

欧阳泽宇　北京市朝阳区星河实验小学 17 金星班

我看见我爸爸有两套一样的衣服。一天爸爸出国了，妈妈很想爸爸，儿子很想帮忙，他想了一个办法，穿了爸爸的衣服出门了，一分钟后他回来了，按了按门铃，叮叮叮三声响。妈妈开了门，惊讶地说："爸爸你怎么回来了，不是要半年才回来吗？"

儿子说："这次任务没了。"妈妈说："太好了。"

过了几天，爸爸真的回来了，爸爸按了门铃，叮叮叮三声响。妈妈开了门，惊讶地说："咋又来一个？"妈妈说："哪个是真的？"爸爸说："我是真的。"

妈妈也不打儿子，因为妈妈很喜欢我，所以没有打我。

崔永元课代表：

有一句病句，妈妈说"爸爸你怎么回来了"，真正的意思应该是"老公你怎么回来了"，但有些人就喜欢随着儿子叫。

笑点是妈妈分不清哪个是真爸爸，哪个是假爸爸。妈妈真的分不清吗？为什么她不揭穿儿子？因为他的妈妈知道她的儿子是好心的，是有孝心。

从两个爸爸和妈妈的调侃可以看出来，这个家庭很和谐。

我觉得这个家是温暖的，小男孩有一颗温暖的心。

你真的会写《我的妈妈》吗

执教人：郑冬梅

崔永元课代表说：

听了郑冬梅老师的课，我自己都活泼起来了，以前很死板地站在这儿。郑老师的课给我们的感觉是，你这个人先活跃起来，你的文章才能活跃起来。

郑老师让我们感受作文的美和写作文的快乐，也让我们学会关注生活中的细节。

这一节的主题是描写"我的妈妈"。平时我们看到小朋友们写妈妈，往往喜欢写柳叶眉、水汪汪的大眼睛、樱桃小嘴，大家有没有仔细观察过自己妈妈的外貌以及性格特点？我们来试一试，写出一个独一无二的妈妈。

在上"我的妈妈"这节课之前，请大家思考几个问题：

1. 爸爸妈妈天天跟我们在一起，为什么我们对他们的印象却模糊不清呢？
2. 怎样杜绝 50 个妈妈一个样的现象？
3. 怎样抓住妈妈的主要外貌特征，刻画出一个与众不同的她呢？
4. 如何选择典型的事例体现妈妈的性格特征或品质呢？
5. 怎样才能写出一个有血有肉、真实的妈妈呢？
6. 怎样才能写得具体生动，让人物的动作和神态显得更加传神、逼真呢？

我们以《___的妈妈》为主题来写篇作文吧。我们的目的是描写出自己独一无二的妈妈——"我的妈妈不一样"。

郑冬梅老师：

接下来我们按照说印象、找关键词、观察记录、回忆事例、打腹稿、独立写作、互改、展示、二度修改的顺序来完成这篇文章。

第一步：说印象

你的妈妈是怎样的一个人，说说你对妈妈最深刻的印象。

第二步：找关键词

请选择一个最合适的词，说说妈妈是一个怎样的人，并以这个词作为作文题目的关键词。

同学们回答非常踊跃：

学生 1：我的妈妈是一个温柔的妈妈。

学生 2：我的妈妈是一个美丽的妈妈。

学生 3：我的妈妈是一个慈祥的妈妈。

学生 4：我的妈妈是一个坚强的妈妈。

学生 5：我的妈妈是一个勤劳的妈妈。

学生 6：我的妈妈是一个臭美的妈妈。

学生 7：我的妈妈是一个辛苦的妈妈。

学生 8：我的妈妈是一个厉害的妈妈。

如果同学们对爸爸的印象非常深刻，也可以说说爸爸。

学生 1：我的爸爸是一个帅气的爸爸。

学生 2：我的爸爸是一个有双重人格的爸爸。

学生 3：我的爸爸是一个贪睡的爸爸。

学生 4：我的爸爸是一个普通话很不标准的爸爸。

学生 5：我的爸爸是一个特别爱赖床的爸爸。

学生 6：我的爸爸是一个辛苦的爸爸。

学生 7：我的爸爸是一个好玩的爸爸。

学生 8：我的爸爸是一个严厉的爸爸。

第三步：观察记录

每个人对爸妈的印象都不一样，所以我们从题目上已经不同了。接下来，还要从内容上不一样。比如有的同学发现妈妈的嘴下方有一颗美人痣，可能还会发现妈妈脸上某个位置有痘痘；有的同学要写的妈妈是臭美的妈妈，会留意到妈妈每次出门都要涂口红，还会在化完妆之后，对着镜子看很久；还有的同学发现妈妈的眉毛很美，眼睫毛很长，眼睛很大……

写作文之前，同学们可以先和妈妈玩一个心心相印的游戏。认真地观察妈妈的样子，看看妈妈的哪一个特点能映到自己的心里去，不要眉毛胡子一把抓，要把她最与众不同的特点观察出来。观察要有一定的顺序，先从整体看，再看细节。要用欣赏的眼光，抱着一颗爱的心，抓住对妈妈印象最深刻的地方。

比如：

我妈妈的嘴的正下方有一颗不是特别显眼的痣。

我的妈妈笑起来嘴角有一点点的酒窝。笑的时候，眼角有皱纹，她笑起来比绷着脸好看。

第四步：回忆事例

同学们观察了外貌特征之后，还是要和我们的主题相契合，开始找最适合的关键词。有个词叫"相由心生"，也就是说，相貌和性格往往是相吻合的。

现在，让我们闭上眼睛，让大脑放一次电影，回忆一下跟妈妈相处的情景，看一看这些情景中，哪一两件事例最能突显妈妈的特点，最能诠释你定下来的主题。比如，你的主题是温柔的妈妈，那么有哪一些事最能突显她的温柔？或者，你打算写严厉的爸爸，哪一些事最能突显他的严厉？

比如，有同学这样回忆：

我有一个厉害的妈妈。我们去逛大商场，来到一个什么东西都卖的杂货店。我妈在里面逛的时候，忽然，"哐啷"一声，一面镜子从她旁边摔下来碎了。

我妈去买单时，跟店主说对不起，给对方钱，结果店主说："得赔两倍的钱，你摔坏了，而且我看见你还是故意碰到的。"

我妈其实真的不是故意的，她当时只是扭头和我说话，不小心碰到了。我妈不服气，就开始和他吵了起来。我妈的嘴巴下方有一颗痣，那颗痣就上下不断地动，她的眉毛也斜起来了。她本来是长发，吵架的时候，还把头发先绾起来了再跟对方讲道理。（陈满　北京邮电大学附属小学四年级）

这位同学回想起妈妈吵架的情景，想到细节——嘴巴下面的痣在动，眉毛斜起来了，为了显得更厉害，把头发也绾起来了。这就是一种与众不同的描写，写出了别人没有的特点，细致入微。

有的回忆起了妈妈的坚强：

我妈妈是一个坚强的妈妈。她经常出差，一个月可能都不回来，一年都看不到几回。每次回来我们会一起玩，在一起的时间算起来比较少，一个月可能就待在一起两三天，我们只能开视频聊一聊天。

她很坚强，因为妈妈是一个女生，原本应该被保护，我觉得妈妈其实挺可怜的。（武康桥　北京市石景山区华奥学校五年级）

有的觉得爸爸既温柔又严厉：

我爸爸是一个既温柔又严厉的爸爸。每一次中午吃饭的时候,我都和我爸聊一些有趣的话题,总是能把他逗得哈哈大笑。而他每次在工作的时候,就会变得一点儿都不温柔,双眼布满血丝。我跟他聊天的时候,他嘴里老是"嗯嗯",而且会对我大喊,特别严厉。

现在,我一看到他拿着手机聊工作,嘴角往下,我就特别害怕,就远离他。(邵文阳 浙江省湖州市德清县徐家庄中心小学五年级)

有的觉得妈妈很臭美:

我的妈妈是一个臭美的妈妈。很多次,早上我刚醒,揉了揉眼睛,睁开了一下看着旁边的那个人——我妈妈,她非常认真地照镜子。她仿佛什么都听不见,什么都看不见,只能看见自己。

她凑到大大镜子的面前,不用说,肯定是在涂口红,再抹粉底……

她还特别怕她的妆毁了,为了保护自己的妆容,从来不让别人碰,我想亲她一口都不能。

她除了很重视这张脸,还特别喜欢买衣服。她穿得很时尚,衣柜里面满满的全是她的衣服。爸爸的衣服就叠一叠,往下面放,皱皱巴巴的也不管。妈妈自己的衣服每天都熨,平平整整地挂着。这么多衣服,她根本穿不过来,她是一个爱干净,也非常追求完美的人。(杨迪 北京邮电大学附属小学四年级)

第五步:打腹稿

在脑海中想一下完整的妈妈,她是怎么样的一个人。比如"温柔的妈妈"，有哪些事能体现她的温柔、她的好。打腹稿之前，还可以画一下思维导图。按照这个思维导图，写出妈妈的不一样，写出她独具特色的地方。温柔的妈妈，到底从哪些方面可以体现她的温柔？她的外貌、神态、表情、语言、行为等，肯定是具有"温柔"的特点的。

第六步：独立写作

请你按照自己的思维导图，进行独立写作。写清楚妈妈与众不同的外貌和性格特征，用典型事例突出妈妈的品格，描写要生动逼真，表达真情实感。题目自拟，不写错别字，正确使用标点符号。

第七步：互改、展示

写完之后，请你用红笔自改，然后跟同桌互改。最后，在全班展示评改。

下面是我们在课堂现场展示的作文：

坚强的妈妈

武康桥　北京市石景山区华奥学校五年级

每个人都有妈妈，我的妈妈可不一样，我的妈妈是一个女汉子，经常在外面，所以只有爸爸陪我。肯定有人要问："你爸爸为什么不出去？"因为我爸爸有点儿懒，他也有工作，只是很少。

我的妈妈每天在飞机、火车、地铁上度过，大多数时间都在店里，因为店太多。噢！我差点儿忘了，大家一定不知道我的妈妈长什么样，我来告诉大家，我妈妈长着挺拔的鼻梁，双眼皮，爱染发，不喜欢穿高跟鞋，不是长头发也不短，不是很胖，也没有多瘦。大家都说我和我妈妈长得很像。我的妈妈每天辛勤工作，养活我和哥哥，还有爸爸，在世界各地奔跑，可是白头发越来越多。

我还记得有一次，妈妈在外地生病了，可是她答应和我视频，妈妈很守诺言地和我开了视频，因为过几天要期末考试，为了不让我担心，发挥失常，妈妈强忍发烧的痛苦，让我以为那天妈妈的身体状况特别好。为了不让妈妈失望，我在那次考试中得了 300 分，语、数、英都是 100 分。

考完试第一件事就是告诉妈妈我的分数，我打通电话，妈妈躺在床上，十分痛苦。我告诉妈妈我的分数，挂了电话，心中暗暗下了决心，我一定好好学习，长大后不让妈妈受累，我要让妈妈过上好的生活，不要有那么多白头发，让她好好地欢度晚年，我心中的小宇宙要爆发了。

这就是我的妈妈，一个坚强的妈妈，一个不让我担心、故意装作身体很好的妈妈。我的妈妈是否能称上"女汉子"这个外号？大家都有妈妈，我的妈妈是坚强的，你的妈妈是怎样的？辛勤的？严厉的？温柔的？慈祥的？大家也可以分享。行了，我要和妈妈视频了，Bye-bye。别忘了双击 666 加上关注。最后，你的妈妈是怎样的？

崔永元课代表：

将这篇作文润润色，放到小学课本里特别好，这就是孩子写的真情实感的作文。这篇作文牛在哪里？它让我们看到了大作家的潜质，他的感情爆发之后也能收回来，这就叫收放自如。中间描写妈妈形象的片段感觉有些悲伤。但当读者正难过的时候，他忽然又开了个小玩笑，把情绪又调动回来了。其实这也是他内心情绪的波动，一种真实的波动。

这个孩子笔下的妈妈是个坚强的女汉子，为了生活，她经常奔波劳碌。她爱孩子，不管多忙，就是生病发烧了也挺着跟孩子视频，牵挂着孩子的学习。孩子也明白妈妈的辛苦和压力，更加努力学习，回报妈妈。文章语言朴实，一个善意的谎言轻轻道出了温暖的母爱。

既温柔又严厉的爸爸

邵文阳　浙江省湖州市德清县徐家庄中心小学五年级

一般情况下，"温柔"这个词都是用来描写女生的，为什么要把这个词套在爸爸身上呢？因为我的爸爸在家里总是笑，他说话比较轻，大多数时候，他都是温柔的。

我的爸爸有些胖，还有乌黑的头发，而且头发长得很快，像被揠苗助长了一样。他有一双略大的眼睛，每次工作时，双眼都会布满血丝。我每次看见爸爸的眼睛，都有一种安全感。我的爸爸还有一张总是带着微笑的嘴，尽管很生气，也会将微笑的表情露出来。我总是能看见爸爸这张带有微笑的嘴。

一天中午，我一如既往地说一些很有趣的话题，而且都是我拿手的。每当爸爸一开口，我就能完美地反驳他，爸爸脚又没踩稳，掉入了我的"无底洞"。爸爸虽然总是因我而不高兴，但是我又可以让他"起死回生"，这时的爸爸很温柔。吃完饭，我看见爸爸拿起手机开始打电话，我就不敢再打扰爸爸了，因为这时的爸爸在工作，我要打扰爸爸的话，我就小命不保了啊。

我又带着好奇心挑战爸爸。爸爸正在打电话，我非常紧张，爸爸打完电话，我一看时机到了，准备拿爸爸的手机，可我却失败了。爸爸看我一来，就拿起一根烟到厨房抽了起来，拿着手机边打电话边对我说："写作业去，要不就去看电视，别烦我。"我的好奇心碎了一地，这时的爸爸可不好跟他战斗，真是太严厉了。你们可以去与他战，可我是不行了，告辞。

崔永元课代表：

形容爸爸有一个专用的句子叫"披着羊皮的狼"。我觉得这个孩子化解的能力特别强，作文里面几乎没有写到温暖、温馨的场景，但是他把那些严厉的、有可能爆发的瞬间，全都用他幽默的语言给化解了。还有，你不要看他用的修饰语，比如"无底洞"，这省去了很多啰唆的话语，但大家又能轻松地抓住他的信号，文风独特。对于孩子来说，他们自己都不一定知道妙处，但是他们就能写出来。作文老师和家长，要做的就是告诉他这是好的，帮他们固定下来。

郑冬梅老师：

孩子写了爸爸的温柔，通过写爸爸的微笑和轻声说话来体现他的温柔，就是生气，爸爸也会将微笑的表情露出来，给孩子安全感和温暖感。但是，爸爸的温柔里，还带着坚守原则的严厉，不管我如何"挑战"爸爸都无济于事。文章的语言清新而幽默，例如"起死回生""无底洞"等词语的巧妙运用，具有自己独特的语言风格。

唠叨的妈妈

崔永元

妈妈爱唠叨，唠叨了一辈子。

她现在满头白发，脸上皱纹密布。

我很少回家看她，因为从小到大，她至少打过我 100 次，骂过我 8000 多次。

过节的时候我回家就躺在沙发上睡觉，我不困，只是不想听她唠叨。

去年，爸爸走了。在整理爸爸遗物的时候，我第一次仔细看了爸爸妈妈年轻时的照片。

妈妈很漂亮，眼睛大，头发黑，拍照时喜欢把手插在上衣兜里，显得人精神整洁。

妈妈喜欢旅游，从北京去过广州。

照片后是妈妈手写的说明，我的爸爸是军人，曾经有 6 年在执行秘密任务，也就是说，妈妈最年轻最美丽的年龄，丈夫不在身边……

爸爸走了，儿子决定坐在家里，替爸爸好好听妈妈的唠叨。

崔永元课代表：

我其实要感谢我父亲的在天之灵，就是他刚离去我们一年，我们心里非常难受，但是在各个场合，哪怕说笑话的时候，我也会经常提起我父亲。我觉得他在天上能听到他的儿子在叫他，全家人都在想着他，他会过得很好。

郑冬梅老师：

崔同学写的《唠叨的妈妈》是用心在写作，写出了一个美丽而爱唠叨的妈妈。"从小到大，她至少打过我 100 次，骂过我 8000 多次。"从妈妈的打骂和唠叨上，体现了妈妈对崔同学严厉的要求和深深的爱。文章用对比的手法，写了妈妈现在的白发和皱纹与年轻时的黑头发、大眼睛。"妈妈最年轻最美丽的年龄，丈夫不在身边"，写出了妈妈的辛劳和重负。文章最后一句"爸爸走了，儿子决定坐在家里，替爸爸好好听妈妈的唠叨"，写出了崔同学对妈妈深深的爱和对家庭的担当。

臭美的妈妈

杨迪　北京邮电大学附属小学四年级

我有一个臭美的妈妈，她的眉毛像柳叶，非常细的柳叶；她有一双大大的眼睛，显得非常精神；她还有一张大大的嘴，能说一些非常好笑的笑话，笑的时候两边还有酒窝，也非常美丽，要是臭美的话就更美了。

在一个平凡的下午，我正在昏昏欲睡，想睁开的眼睛被一种"美光"闪得有点儿睁不开。她正站在镜子面前，不用说，这是我臭美的妈妈正在化妆呢。

为什么化妆呢？因为她要参加崔老师组织的第一节作文课。

她认真地看着镜子里的自己，好像什么也看不见，什么也听不见，只能看见自己。我叫她十遍，她都没有回，真是臭美臭得入神了。真是太、太、太、太臭美了。

她怕把自己的妆毁掉，她不能看电影，因为怕流眼泪；她不能吃东西和喝东西，因为怕口红没了；她不能让别人碰她的脸，因为怕把妆毁了；她也不能跺脚，怕粉掉了。

最重要的是，她的钱都用来买自己的衣服和我哥的衣服，我的衣服都是我哥穿小后给我的，没有一件新的。

你说我的妈妈是不是很臭美呢？

崔永元课代表：

通篇听到的都是孩子对妈妈的欣赏。但是他用了"臭美"这个词来形容。我想提醒男士们，走在大街上，一跺脚，就有女士打你，看完这篇文章，你就知道是为什么了。

郑冬梅老师：

这个孩子为了体现妈妈的"臭美"，集中笔力写了妈妈化妆时的专注和投入已经达到了忘我的境界。小作者还写了妈妈为了不毁妆，对自己的一举手一投足简直苛刻到了极点。

第八步：二度修改

请同学们根据郑老师的讲评，再次独自修改文章，进行二度修改，并重新誊抄一遍。

一叶知秋：关注细节，写出触动人心的作文

执教人：郑冬梅

崔永元课代表说：

听郑冬梅老师讲作文，每次的主题都通俗易懂，又特别有用，能够调动大家的热情。

郑冬梅老师：

在最开始，我想跟大家分享一个很重要的词：一叶知秋。

现在，请各位同学思考下面几个问题：

1. 一叶知秋是什么意思？

2. 看着一片落叶，你会想到什么？或者想做什么？

3. 根据我们看到的、想到的、做过的事，可以写成怎样的文章呢？

4. 你能展开想象把你想到的描述一下，或者是编成一个故事吗？

郑冬梅老师：

接下来我们按照手工制作、说说作品、展开想象、写作要求、修改、展示、点评、二度修改的顺序来完成这篇文章。

第一步：手工制作

我们在生活中能看到各种叶子。可以留意一下，你平时看到的都是什么植物的叶子。在生活中，如果你不认识某种植物，可以利用一款叫"形色"的软件去了解。只需要给植物拍张照片，上传，就会得到关于这个植物的全面介绍。我们可以利用这款软件去认识很多种植物。

（分给孩子们各种形状的树叶）请同学们利用各种各样的树叶，来做一幅贴画。在 A4 纸上，用剪刀、双面胶、彩色笔，做成树叶贴画。可以一个人做，可以两个人做，也可以小组做。

以下是学生在作文课上完成的一些作品：

第二步：说说作品

请同学们把树叶贴画先做出来，看一看树叶贴画是什么内容，也许是一幅画，也许是一个故事。制作完毕之后，说一说你的作品。

有一位同学用树叶做了一个崔老师，他说："我制作的树叶画是崔老师，这幅画是我送给崔老师的，希望崔老师快乐。"

第三步：展开想象

根据自己的树叶贴画，展开想象，描述一处景物，或者是创编一个童话故事，还可以把制作树叶贴画的经过写下来。

第四步：写作要求

习作要求：自拟题目，独立写文章，要把树叶贴画上的景物描写得细致生动；创编的童话故事要奇妙而吸引人，还要蕴含一定的道理。

如果是写制作树叶贴画的过程，就要把步骤写清楚，突出重点环节，还要写出制作的感受，表达真情实感。

第五步：修改、展示、点评

写完之后，请同学们用红笔自己修改，然后跟同桌分享，请同桌帮忙修改，之后再展示作文，相互点评。

现场展示的作文：

秋天

孙佳涵　河北省固安县英才中学附属小学五年级（1）班

秋天来了，秋风吹黄了大地，秋天像一个穿着金色衣服的仙女，她让世界变得凉爽。她虽然没有春天那么富有生机，但她捧着果实；她虽然没有夏天那么五彩缤纷，但她秋高气爽；她虽然没有冬天那么纯洁，但她有菊花争相开放。

树林里，秋风把树叶吹落，叶子像一只只蝴蝶在飞舞。树叶纷纷落下，有金色的银杏树叶，有红色的枫叶……花园里菊花都抢着要把自己的美丽展现给大家，菊花有金色和红色，美丽极了！

我们都爱秋天，爱她的秋高气爽，爱她的果实，总之，爱她的一切。

这个孩子的画作叫《树叶雨》，而在写文章的时候，又改成了《秋天》。当我问她的时候，她说她重点是想写秋天的美丽景色。"树叶雨"只是秋天的一部分，但她能从这一个部分联想到整个秋天。所以，在写文章的过程中，我们可以允许孩子思维跳跃。如果用一个固定的要求来框住他，那文章就写不出来了。比如，拘泥于树叶雨，可能就没有更广阔的思路了，即使待上4个小时，可能都没办法写出文章来。

崔永元课代表：

孩子看到的秋天甚至跟大人以为的秋天是不一样的。如果大人要求秋天就是荒芜的、寂寥的、凄凉的，那么孩子写不出来。因为在孩子眼里，秋天是那样五彩缤纷。

一个人过生日

孙田　河北省固安县英才中学附属小学三年级（2）班

一天，小明的爸爸和妈妈一起出差了。家人已经知道今天是小明的生日，可是回不来。

小明也知道今天是他的生日，可是家人不在身边。小明没有钱，但家里有好多东西，已经够做蛋糕了。

小明从家里拿出碗，又拿出鸡蛋，把鸡蛋和匀，再加上面粉，和上白砂糖……小明终于把蛋糕做好了，加上了一些水果，又在蛋糕上插上了火柴。九根小火柴，就可以当作蜡烛。他用彩纸做了顶生日帽，自己觉得身旁有好多人为他唱《生日歌》，又把火柴打着了火。他许了一个愿望，希望爸爸妈妈快点儿回来。他把火柴吹灭了，把蛋糕切开。正在他吃的时候，他的爸爸妈妈回来了，小明开心极了。他又把蛋糕切了三块，和爸爸妈妈一起吃了起来。

郑冬梅老师：

孩子非常坚强，虽然爸爸妈妈不在家，他懂得自己过生日，自己给自己安慰，其实这样的孩子在他成长的人生道路上，会练就一种非常坚强的意志力。

铠甲勇士——水果大侠

武康桥　北京市石景山区华奥学校五年级

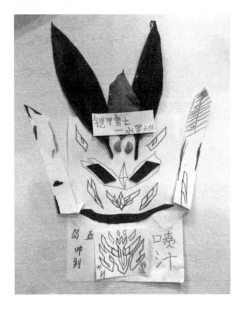

传说中，那惊天地、泣鬼神的铠甲勇士之水果大侠是一位行侠仗义的大侠，但水果大侠能吃吗？不能吃。我有一招，你把水果买回来就能吃。在水果世界中，除了水果，也有铠甲勇士，正方为西方不败，反方为东方不败，两人可谓井水不犯河水。不对，不对，应该是井水犯河水，两人每天都在互相攻击，但就是势均力敌，总是打成平手。就在昨天，我吃苹果和橘子时，他俩发生了大战，邪恶的水果大侠由黑吉拉基姆（瞎编的）操控，两人穿越时空，在时空隧道中打架，不小心进入黑洞。

两人仍不知道，还在打斗中，你一拳我一拳都打得流鼻血了，一个火焰拳，一个冰霜拳，两人互相攻击。攻击产生的能量磁波太大，黑洞都受不了了，粉碎了，这可是创了一个新的吉尼斯纪录。这个打斗的过程是精彩的，两人掉在太空中没有氧气，但还在打斗。

说时迟那时快，两人倒了，倒在铠甲大帝面前。铠甲大帝家里太穷了，交不起电费，不是来了俩铠甲勇士吗，就骗他们说："在这里，在跑步机上跑10年，你们的攻击力就会更强。"其实并不是这样的，铠甲大帝是想利用他们发电。两人终于跑了10年，铠甲大帝有钱了，不需要他们了。他们10年里跑步的速度是快了，但攻击力却在降低。

他们这10年学会了和谐相处。他们再回水果世界时，来了一个小怪，他俩想："小屁孩跟我斗，一拳弄死你！"两人一拳上去，小怪倒没事，原来这10年科技发展，小怪的攻击力和防御力都翻了30倍。小怪一拳上去，两位铠甲勇士结束了自己完美的一生。你说你们招谁不好，非招人家怪物王的儿子，你不亡谁亡？活该！

行，下次我多买几个水果去陪你们，我买个榴梿去找你们，再见。

郑冬梅老师：

他的文风独特，适合写小说，故事曲折。他还会把很多点串联到一起，比如，家里没钱发电，放到他的文章里。不但想象力丰富，而且这种整合力、组织语言的能力、思维生长能力，绝对是少有的。

崔永元课代表：

这篇文章很有趣，而且透射出了自己的道理：不要仗势欺人，不要看对方小，就觉得他弱，消除罪恶的方式可以有很多种。

当我老了
崔永元

当我老了，

像枯萎的叶子，

希望你能想起来我年轻时的帅气和绿，

你曾经创作过一个我，

那年我 56 岁，

脱发，

身上有味，

你没有嫌弃，

明天，

我真会老去，

那时你能记住一切，

还当着我的面调皮，

我会擦掉口水，

装上假牙，

问：亲爱的孩子，

当年是不是你说的，我爱你？

崔永元课代表：

我想表达的是，再枯萎的叶子也有嫩绿的时候，不要因为它今天枯萎了就看不上它，就想不起来它曾经绿过。

郑冬梅老师：

容颜可以苍老，但是爱是不会苍老的！

第六步：二度修改

请小朋友们根据老师和同学的点评，进行二度修改，并重新誊抄在作文本上。

郑冬梅老师课后小结：

在前文"我的妈妈不一样"中，我们是和妈妈在一起的时候，仔细地观察了妈妈的外貌，再像电影回放一遍一样，想了关于妈妈的事情，写出了自己与众不同的妈妈。

一个非常好的结果是，在上面展示的作文里，始终没有一个同学出现"樱桃小嘴"这样的描述，因为每一个妈妈都是与众不同的。

我们想写出一篇与众不同的作文，不单单是要打开自己的双眼，用自己的慧眼去看世界，去听世界，去闻一闻、尝一尝周围的味道，更重要的是要打开自己的心扉，带着自己的思考去把握这个世界，写出自己的真情实感，写出自己的童真和童趣，用心来写作文。

"一叶知秋"这个词，我觉得特别有诗意，也很有意义。

看到一片落叶，也许你就能想象秋天片片落叶飘落下来，诗意盎然的情景，或者满树的枫叶翩翩地起舞，从空中飞落下来。

有观察、有联想、有情感表达，一篇文章也就成功了大半。

让孩子自由想象是非常重要的。当孩子把自己想要表达的文字写出来，就会拥有专注力，因为只要写真话，孩子就能沉浸进去，如果是瞎编，那思绪很容易受到干扰。

在想象过程中，一定要想到什么写什么。

有的老师在教孩子写作文的时候，太过于注重"思想性"，让孩子只写高大上的故事，这种错误是把写作文当作一种固化的模式。如果我们一直对孩子强调中心思想、段落大意、升华、怎么开头点题、怎么结尾，那孩子写的文章自然会变成"八股文"，死气沉沉。

而当一片叶子被做成一幅画，被写成一篇文章，在这种灵活的状态下，做成什么都是好的，写成什么样都是棒的。

什么都可以是掩饰的、装饰的，唯独一样东西不可以伪装，就是心情。真情实感就是这么出来的，家长和老师最重要的原则，就是保护孩子的真情实感。

我们希望看到所有的孩子都是个性十足的，而不是把所有的孩子都改造成一样的。当孩子不想接受大人的指令的时候，如果大人压制他、打击他，对他的负面影响会是一辈子的。

有的家长发愁孩子两个小时都憋不出一篇文章，但如果学会了这种思路，孩子 15 分钟就能写出文章。

心有所感：写出真实的感受才能打动人

执教人：郑冬梅

崔永元课代表说：

郑冬梅老师特别好，我送她一本书，签名的时候，写的是"跟您学作文，跟您学做人"。我觉得她讲写作文，就是做人，孩子们会写作文了，做人就小意思了。如果孩子作文很好，做人不好，对社会危害就太大了，历史上就有这样的人。

写文章很简单，就是把我们所见、所闻、所思、所感写下来，表达真情实感。

想写好作文，首先要有话想说，要有话会说，这样才能够把文章写好。心有所感，指的是心里面的感受特别重要。

郑冬梅老师：

上课之前，老师先问大家几个问题：

1. 生活中你有过怎样的感觉？
2. 感觉有时一闪而过，怎样捕捉？
3. 怎样练就一颗敏感的心？
4. 感觉有形状、颜色和味道吗？

在我的作文课上，崔永元老师是一名"课代表"，他和孩子们一起度过了好几天。最后一节课，他迟到了。教室里响起了欢呼声："罚站，罚站。"

我觉得这个场景特别有意思，大家似乎和崔老师建立起了感情，所以打算以崔老师为观察对象，讲讲"如何写出有真情实感的文章"这个话题。

为了便于各位读者理解，我来重现一下这堂课的场景，大家也可以跟着一起参与进来。

郑冬梅老师：

经过重现场景，我们可以按照说感觉、听感觉、找感觉、写感觉、修改、二度修改的顺序来完成这篇文章。

第一步：说感觉

对于崔永元老师，大家有什么样的感觉？请把自己此时此刻的感觉，用彩色笔写在便签纸上。

《有话说》立体封面

第二步：听感觉

给大家介绍一本书——《有话说》。请你认真倾听，用心感受，把即兴产生的感觉写在便签纸上，摆在桌子上。

封面上是崔老师，他是作为这本书的作者出现在封面上的。这本书是崔老师的书，书名叫《有话说》，和我们写作文息息相关。

因为我们写作文就是要有话想说，还要有话会说，最关键的是要说真心话，表达真情实感。说真话，做真人，文章才能够精妙。

孩子们，你们现场观察一下崔老师，看看他像不像作家？

以下是学生们的发言：

学生1：作家衣冠整齐，穿西装，非常严厉。

学生2：作家应该不戴帽子。

学生3：作家应该戴上眼镜。

学生4：封面上的崔老师和我看到的崔老师不一样，现在的崔老师穿得有点儿休闲。

学生5：封面上的崔老师严肃，现在的崔老师幽默，我喜欢幽默的崔老师。

学生6：不像作家，作家眉头紧锁，这里的崔老师，笑容满面。

第三步：找感觉

请你们与小崔同学对话，可以提一个问题，也可以提一个小要求，在这

课堂上的崔老师

个过程中去找感觉，并写在便签纸上。

学生 1：

崔老师是怎样写了这么多的书？

崔永元课代表：

我跟你说实话，从我写第一本书开始，全是出版社的叔叔阿姨逼的。其实我那时根本不想写，因为我们小时候受的教育告诉我，不是谁都能出书的。

有一次，我到了西单图书大厦一看：这么多书啊！

营业员告诉我，每天的新书超过 1000 种。我心想，那我还客气什么呀。回去我就写了好几本，就这么出版出来了。

我们得打破一些禁区——什么样的人才能写书，书里必须写什么。

我们把这些条条框框打破的时候，每个人都可以当作家。

学生 2:

崔老师为什么迟到了?

崔永元课代表:

我们这个课程场地的领导见了我一下,跟我聊了聊这个场地的用途,以后的规划,结果谈得停不下来了,耽误了时间。

真想拉着他们上来一起听课。

我饭都没吃好,但我不能说太多理由,我先鞠躬,说对不起。你们可以罚我的站。

学生 3:

我想知道,崔永元这个名字的来历。

崔永元课代表:

我当年出生的时候是早产,七个月就出生了,生下来是 3 斤 6 两。现在我养的那只猫体重还有 12 斤呢。

我称过土豆,四个稍微大一点儿的土豆大概就是 3 斤。我太轻了,想活下来都困难,身体不好,总生病。

刚开始我姥姥给我起名字,她觉得男孩在农村应该是个壮劳力,就给我起了个好名字,叫崔满仓。后来,我爸爸回家一听就不乐意了,怎么能叫崔满仓呢?虽然我爸爸的文化程度也没有很高,但他把我的名字改成了崔永元,我没问过他原因。

学生 4:

崔老师,你一共出过多少本书?对于写书,你有什么感受呢?

崔永元课代表：

有两本书是我自己写的，一本叫《不过如此》，一本叫《有话说》，其他书是根据电视节目的内容编的。

其实我写东西的时候是很不喜欢让人看的，非得自己觉得不错了，可以拿出手了，才会给别人看。我经常写得特别长，15 万字送到出版社后又给打回来，得从头写。

出书可能跟大家想的不一样，并不是你写完了拿给出版社就立刻能出。一般来说，都是出版社的编辑先跟你商量，要写什么，怎么写，结构是怎样的，每一章的内容是什么。很多时候，我都是先从头到尾把要写的东西讲一遍，编辑回去分析决定了，再告诉我，哪些是他们最感兴趣的，我再把它写出来。

我觉得，出书的过程对写作不一定很有帮助。其实最能提高写作能力的方式，是自由写作——根本不考虑出版，也不考虑给别人看，只是想写出来，那时候的东西是最棒的。

随着以上提问，大家对崔老师的了解一定加深了。所以，我们可以将对崔老师的感觉写出来。

第四步：写感觉

请同学们自拟题目，把你说感觉、听感觉、找感觉的过程写下来，要写出自己真实的感觉，表达真情实感。

第五步：修改

写完之后自己读两遍，用红笔自己修改，然后跟同学或者家长分享，请他们帮忙修改。

第六步：二度修改

根据老师的讲评，请你对自己的文章进行二度修改，并誊抄在作文本上。

以下是学生现场展示的作文：

罚站

孙田　河北省固安县英才中学附属小学三年级（2）班

今天在上第三节课时，崔老师来晚了，一些同学异口同声地说："罚站，罚站，罚站……"我那时候的想法是，崔老师应该罚站，因为他迟到了。

我看见老师的脸比较红了。我们又开始上起课来，在讲到一个话题时，说同学们可以给老师提一个要求或建议。有一个同学说："崔老师，您来晚了，为什么不罚站？"崔老师说："我不是一直在站着吗？"

一位同学说道："可是罚站没有那么懒散的。"

又一个同学说："崔老师，我可以和你一起罚站吗？"

崔老师说："可以。"

郑老师说："想和崔老师一起罚站的，都可以上去。"

我们同学几乎都去了，只有七个同学在下面。

崔永元课代表：

他的作文"真"的不行，不可阻拦的真，真实得不行。每个细节都表达了一个意思——孩子内心的情感非常丰富。

罚站

孙佳涵　河北省固安县英才中学附属小学五年级（1）班

今天上课时，崔老师稍微来晚了一些，班里许多同学都让崔老师罚站。当然，崔老师来晚了是得罚站，但崔老师肯定有许多事，来晚一会儿没关系。但那些同学很执着，一定要让崔老师罚站。

途中，老师提出了一个奇怪的问题：崔老师像不像作家？我觉得崔老师一点儿都不像《有话说》封面上的作家，因为这个课代表和那个作家比起来，我更喜欢这个课代表。之所以喜欢这个课代表，是因为那个作家眉头紧锁，而这个课代表却笑容满面。我们小孩都喜欢笑着的脸，并不喜欢绷着的脸。

老师还说，我们可以向崔老师提出问题或一个小要求。有的人问："崔老师是哪年出生的？"有的人说："崔老师你什么时候罚站？"崔老师在无奈之下，只好现在就去罚站了。有人提出要求："崔老师，我们和你一起罚站吧。"于是我们便一起前去罚站。

那个场景让我们每一个人都很感动。

崔永元课代表：

还可以继续写下去，就是一篇很好的叙事文了。

写给小崔的一封信

武康桥　北京市石景山区华奥学校五年级

亲爱的小崔课代表：

　　您好！

　　这些天，我与您度过了几个有趣的下午，马上课要结束了，我十分恋恋不舍，在这两天中我受益匪浅。

　　听您的话我觉得非常有趣，这比我在课堂上收获更多。您与我亲身接触，我的收获许多。您的优点有很多，您的文风幽默。每次写作文时，您在旁边的唠叨也是有用的。您的作文很有趣，同学们的批评，您能虚心接受。您能把短处化作长处，似乎十全十美。崔老师的话就像一把狙击枪，枪枪射中我们的心声。崔老师的每一句话都非常有用。您是一名著名的主持人，也是一名作家，可是您却视我们为同学，一起互相交流，一起互相快乐。您是太阳，滋养着我们健康成长。

　　毕竟人并不是十全十美的，每个人都有缺点，您也有缺点，我也有缺点，我来给您讲讲您的缺点，希望您能改正。

　　您的缺点是留级太久，学习成绩下降，写作文的能力也有点儿下降，好像并不是特别像作家，有一种江湖上的作家的感觉。

　　您的缺点很少，今天的罚站在我眼中就是一次难忘的告别。我们可能以后就各走各的路，有可能这是我们最后一次见面，希望不是。

　　您讲的故事也很有趣，您当时一进门，我们在喊："罚站，罚站，罚站……"我们的心中可谓热血澎湃，十分激动。您还是一个幽默的老师，您讲的话既像一个笑话，又有一种哲理在其中的感觉。您出的书也很著名，毋庸置疑。很期待崔老师的下一本书。

我现在可被崔老师的魅力所折服了，成了您忠实的粉丝，只要您出书，我一定第一时间买下来。希望我长大后可以和您同行，当一名作家。崔老师，等我长大，我一定会找您的。

祝您出的书越来越贵，而您不会再得病。

您的同桌的同桌的同桌的同桌的同桌的同桌武康桥

2019 年 1 月 6 日

崔永元课代表：

上面这些，都是孩子们对我的评价，我觉得比社会上的机构的那些评价重要多了，因为孩子说的是真的，不是假的。

现在，我特别想写一篇作文，题目叫《孩子是救星》。这篇作文里我就先写下一句话，这一句话也是心声：不管你遇到什么，孩子会帮你解脱。

刚才我罚站的时候，一大帮孩子来解救我了，我特别感动，只能拼命地控制着自己的情绪。

名师答疑

家长：

用郑老师的方法，在现场能够把孩子调动起来，让每个孩子参与的热情都很高。但是当孩子们写作业的时候，还是参差不齐，有高有低，这种情况怎么办呢？

郑冬梅老师：

兴趣是最好的老师。学习贵在激发学生的兴趣和内驱力，不管在任何场合，我们首先要调动孩子们的积极性，让他们有兴趣去参与，然后要让学生学会自律，就是不喜欢做的事情，只要是应该做的，都要认真完成，就像作业就是学生必须完成的事情。但是，在这个过程中，我们允许个别学生暂时不是很优秀，慢慢来。只要每天进步一点点，慢慢积累，循序渐进，就会越来越优秀了。

家长：

郑老师有心理学的背景，这个背景可能特别有助于您跟孩子交流和调动他们的情绪。但我们大多数人没有心理学的知识或者常识怎么办？如何调动孩子的积极性呢？

郑冬梅老师：

有的老师教写作文就是命一个题，然后做技术性的指导：怎么开头，中间怎么写，怎么选示例，最后怎么结尾。往往是一个班50个孩子，写出来的文章基本是一样的。

这样的文章写多了之后，孩子的兴趣就会被扼杀掉，他的灵性，他的真情实感也会被扼杀掉，一写天气就是"万里无云"，一写人就是"樱桃小嘴"。

管建刚老师在前面也说了一个例子。有一年高考，很多学生都在这一天写家人去世的情况，这多么可怕。假大空的文章是闭门造车编出来的，说的都不是自己的心里话。

有个学生获得了冰心奖，他才上小学二年级，他的那篇获奖的文章只有107个字（不含标点符号）。他能获冰心奖是因为他写出了自己的真实情感，妈妈出差了，他很想妈妈，写出了自己想哭的感觉。一小段话，没有华丽的词语，就把孩子内心的真实感受掏出来了，特别能打动人。所以，没有心理学背景没有关系，只要我们用真心和真情，就会催开学生的作文之花，并让孩子们绽放心灵的芬芳。

家长：

有的老师特别喜欢让孩子的作文有类似"升华的艺术"，好像不管写什么，都需要升华一下。我们是不是要给孩子提这样的要求呢？

郑冬梅老师：

这个问题，有时候是"唱高调"，把一些口号性的东西放在孩子的作文当中。对于小学生的作文，我并不主张这样去做，孩子们把他看见的、听到的、想到的，很平实地写出来就可以了。写出自己的真情实感，写出孩子的童真和童趣，这样的文章更耐人寻味。

我们不需要孩子写的作文一定要做"口号式"的升华主题，不需要唱高调。在平实的叙述中蕴含着人生哲理，在孩子们童真的言语中折射真善美的人性，这样的文章更可贵。

每一个人都追求高尚，这当然是对的。但是追求的方式不一样，有些孩子总是急于踊跃地表现自己、表达自己，以自我为中心；而有些孩子却甘于做那个站在路边真诚地为别人的精彩鼓掌的人，做一个冷静思考的有智慧的旁观者，这样的人是真正的高尚。写文章和做人是一样的，朴实、真实的语言更能入心、走心。

崔永元课代表：

我有一次跟姜昆先生聊天，他讲了一个事。他说传统相声，包括他自己创作的相声进了一个死胡同，他觉得现在站在台上的时候特别没有底气，一张嘴观众就知道"你想在什么地方逗我笑"，似乎熟悉了他的套路。

有人推荐了梁左老师创作的作品给姜昆看。姜昆一看，觉得不对，这都不合规矩，比如传统相声都是短句，但是梁左的作品是特别长的句子。

后来姜昆一试，效果非常好。

我们原来以为必须遵循的套路，只是我们自己认为的，而事实上，创作并没有固定的套路。观众只要觉得好笑，他们就笑了，就那么简单。梁左创作了一大批好的相声，都是没按套路来的，比如《虎口遐想》《电梯奇遇》。

很多人特别爱看北京人民艺术剧院的现实主义话剧。他们到剧院一坐，闭上眼睛，都不用看，就可以听一晚上。话剧里一句名言都没有，但大家都爱听。

这也是写作文的最高境界：平平实实才是真。

家长：

我的问题是您怎么让孩子对好作品、不同风格的作品有鉴别力，能看出来什么才是最好的东西？

郑冬梅老师：

对不同的人，无法用统一的标准去衡量。就像同一本书，不同的孩子去读，会有不同的收获，我觉得适合自己的才是最好的。

我们生活在这个世界上，小朋友学习也一样，如果你给予他一个套路，或者是他自己设定了一个套路，他就很难跳出来。

所以，作为家长和老师，我们要善于让孩子突破原来的模式。我们不能没有模式，但是我们反对模式化。

如果模式化变成了套路，就把孩子的心封死了，脑子也封死了，他就没有办法用鉴赏的眼光去阅读不同的文章，无法用一种敏锐的思维去看不同的作品。

家长：

孩子阅读的书目很多，怎样让孩子练就一颗敏感的心、一双慧眼？

郑冬梅老师：

我是这样教孩子的：读任何作品，都要会抓"眼睛"。比如题目有题眼，文章有文眼，包括你考试的时候去锁定一道题，也要会审题，把关键词搜出来。

体验一篇文章也是这样，要会过滤它，在一分钟里面，要读30多个字，甚至300多个字，浏览下来，就会发现一些关键的词语。这些词会跳动，马上映入你的眼帘，映入心里面去，在脑子里面发酵。之后，他就会审辨，就会去批判，就会去鉴赏。

孩子们在课外，要进行大量的阅读和浏览。除了这些之外，精读也很有必要。老师面对50个孩子，不可能做到带着每一个孩子去鉴赏一篇篇精美文本，所以作为家长，就要来补充。在家里可以选择一些与课文相关的、同一个主题的美文，跟着孩子们一起去鉴赏。

我不仅做童心作文，还做"宽语文"。我们主张两种阅读的方式：第一种叫席地阅读，第二种叫行走阅读。

席地阅读不是说坐在地上读书，而是享受读书的快乐，就是没有任何的要求，不用做习题，不用答卷，也不用做读书笔记，而是纯粹享受性地去阅读。

哪怕是闭着眼睛听书都可以，欣赏语言文字的一种美感和灵性。

文字是有智慧的，它可以触动一个人的心灵。特别是有一些文字，你在读的时候，仿佛跟主人公、跟作者面对面、零距离地对话，你会把自己的生活跟他的生活有机地联系到一起；你会慢慢地从他的语言和细节中顿悟做人的道理，根本不需要老师去说教。

在"宽语文"中，我还研究了一个主题，叫作阅读疗愈法，用阅读来做心理疗愈。

有的家长会说："我的孩子很好动，静不下来。"

其实很多孩子都是这样的，上课时很难静下来。我们想想，一天上午四节课，下午两节课，孩子一直坐着是很累的，他的专注力要怎样来引导呢？

答案很简单，就是用故事来打动他，因为故事情节是最能吸引人的。在阅读故事的过程中，他会安静下来，故事会安抚他浮躁的心。

行走阅读，指的是读书之后要碰撞起来。妈妈和孩子同读一本书，读完之后两个人要进行思想的碰撞，聊聊情节，聊聊为什么喜欢主人公，这就叫鉴赏。

我建议家长学会跟孩子读同一本书，你的视角和孩子的视角进行交错磨合。这种补充，会让孩子的鉴赏能力渐渐提高。